Jürgen Kaufmann, Alexandra Völkl

Mein gebrochenes Herz machst du wieder heil

Feiern mit der Bibel
Band 22

Jürgen Kaufmann, Alexandra Völkl

Mein gebrochenes Herz machst du wieder heil

Offene Trauerandachten für Fernstehende

Verlag
Katholisches Bibelwerk

www.bibelwerk.de

ISBN 3-460-08022-1
978-3-460-08022-5

Umschlagbild: Natalie Wolff, Paris
Umschlag: Finken & Bumiller, Stuttgart
Satz: Rund ums Buch, Kirchheim/Teck
Druck: Gulde Druck, Tübingen

Inhaltsverzeichnis

Vorwort (Karl Kern SJ) 7

Hinführung

Von „Tod und Leben“ in der Offenen Kirche St. Klara:
Wie es zu den Trauerandachten kam 10

Grundsätzliche Erläuterungen zu den Andachten 15

Die Andachten im Jahreskreis

„Mögen Engel dich begleiten“
– Andacht im November – 21

„Wo warst du, Gott?“
– Andacht im Februar – 29

Kreuzwege – Wegkreuze
– Andacht in der Fastenzeit / am Karfreitag – 39

„So trage ich die Blüten deines Lebens weiter fort“
– Andacht im Frühjahr / April – 49

„Halte Gott dich fest in seiner Hand“
– Andacht im Frühjahr / Mai – 60

„Ich wollte dir noch viele Liebesworte sagen“
– Andacht im Frühsommer / Juni – 70

„Manchmal, ganz leise, ein Gefühl von Dankbarkeit“
– Andacht im Spätsommer / September – 81

„Ich lebe und auch ihr sollt leben“
– Andacht im Spätherbst / November – 91

„Wenn die Nacht keine Türe hätte, woher käme der Tag?“
– Andacht am Tag vor Heiligabend – 102

„Ich setze meinen Bogen in die Wolken“
– Andacht zum Jahresbeginn / Januar – 112

„Woher nehm’ ich, wenn es Winter wird, die Blüten?“
– Andacht im Winter / Februar – 124

„Vielleicht wächst aus den Scherben meines Lebens
ein neuer Tag“
– Andacht in der Fastenzeit / am Karfreitag – 133

„Wo ein Weg endet, dort beginnt ein Weg“
– Andacht zum Frühjahrsbeginn / April – 141

„In Tränen und Trauer suche ich deine Augen“
– Andacht im September – 149

„… denn der Tag hat sich geneigt und es
will Abend werden“
– Andacht im Herbst / Oktober – 157

„Ich werfe meinen Schrei zum Himmel – er kommt
als Lied zurück“
– Andacht im November – 165

Literatur 175

Vorwort

Ein Kreuzaltar aus dem 16. Jahrhundert steht im linken vorderen Teil der 700 Jahre alten Klara-Kirche in Nürnberg. Niemand weiß, wer der Künstler ist – in der Kunstgeschichte heißt er nur „Meister des Kreuzaltars der Nürnberger Klarakirche". Und in der Tat: Die Todesszene, die der unbekannte Meister in diesem Altar verewigt hat, ist äußerst ausdrucksstark. Die geschnitzten Figuren zeigen auch die Frauen unter dem Kreuz. In der Weise des 16. Jahrhunderts drücken sie ihre Trauer aus: Eine Dreiergruppe betet. Eine Frau gestikuliert mit weit hochgerissenen Armen. Maria sinkt in ihrem Schmerz nieder und wird von Johannes gestützt. Maria Magdala kniet mit gefalteten Händen am Fuß des Kreuzesbalkens. Kurz: Das Ensemble ist eine Momentaufnahme aus einer Epoche, in der Trauer noch ein öffentliches Ereignis war.

Zu allen Zeiten ist der Tod ein gewaltiger Einbruch. Doch Menschen früherer Zeiten hatten mehr Ausdrucksformen, um mit dem Tod zurecht zu kommen und nicht daran zu zerbrechen. Heute dagegen ist Trauer privatisiert, besonders in der Großstadt. Viele Menschen sind damit allein gelassen und finden deshalb häufig kein Ventil, um ihre Trauer zu äußern. Eine fatale Situation, denn Trauer muss sich ausdrücken und zeigen dürfen. Sonst kommt der Schmerz nicht ins Fließen, setzt sich fest und kann zerstörerisch auf die Seele wirken.

In früheren Zeiten hatten die Menschen ihre sozial eingespielten „Kanäle". Wie wurde in ländlichen oder kleinstädtischen Gemeinden noch Trauer kultiviert und gepflegt! Wie wurde da immer wieder Wert darauf gelegt, Trauer auf mehreren Schultern gemeinsam zu tragen! Für den heutigen Großstadtmenschen ist das eine nahezu unbekannte Erfahrung. Bricht dann auch noch die Bindung an Glaube und Gemeinde weg, wird die Trauer des modernen Menschen im wahrsten Wortsinn „ortlos": Das gebrochene Herz kann nicht heil werden.

Diese Situation anonymer und versteckter Trauer hat die Seelsorger der Katholischen Cityseelsorge an der Klara-Kirche bewogen, den Kirchenraum als „Raum für Trauer“ zu öffnen. Dazu gehört eine Trauerwand, die vor dem alten Kreuzaltar wie eine Art neuer Altar errichtet wurde. Und dazu gehören regelmäßige, monatlich stattfindende Trauerandachten, die bewusst die Situation eher kirchenferner, rituell unbedarfter Menschen aufgreifen, unabhängig von Religion und Kirchenzugehörigkeit.

Dieses Buch stellt einen Großteil jener Trauerandachten vor, die immer am letzten Freitag im Monat unter großem Anklang stattfanden. Diese „Raum-für-Trauer“-Andachten für Hinterbliebene sind eine moderne Fortentwicklung der alten Sakramentalien. In der katholischen Tradition wurden schon immer unterhalb der Schwelle des Sakraments Lebenssituationen rituell gedeutet, bewältigt und gefeiert, häufig ohne Priester. Die Trauerandachten greifen dies wieder auf, setzten aber zugleich bei den Erfahrungen des heutigen Menschen an und geben ihr ein sprachliches Gewand. Die lyrische Prosa der Texte in diesem Buch umkreisen Tiefenerfahrungen. Trauernde Menschen sollen sich darin selbst entdecken und verstanden fühlen. Doch das Wort dominiert keineswegs: Stille Phasen sowie Zeit zur eigenen Besinnung nehmen einen breiten Raum in den Andachten ein, ebenso die jeweils neu gestaltete Inszenierung des Ambientes. So geschieht individueller und gemeinschaftlicher Ausdruck von Trauer. Gebrochene Herzen nehmen sich selber wahr. Sie erfahren sich im Verbund mit anderen. All das geschieht in einem Raum, in dem dezent, aber deutlich biblische Hoffnung aufklingt, die auch nach furchtbaren Abbrüchen zumindest schemenhaft Heil erahnen lässt. Viele Menschen haben diese Trauerandachten als „Balsam für ihre Seele“ beschrieben. Einige unter ihnen fanden dadurch einen neuen, anderen Bezug zur Kirche.

Bereits die Psalmen wussten, dass Gott ein „zerbrochenes und zerschlagenes Herz nicht verschmäht“ (Ps 51). Diese Andachten benennen den Bruch und bauen eine Brücke zu einer großen Glaubenstradition, die sich letztlich in Jesu’ Tod und Auferstehung verdichtet: Christen sollen nicht trauern wie die anderen, die keine Hoffnung haben (1 Thess 4,13). Und das Christentum hat sich vor 2000 Jahren auch deshalb durchgesetzt, weil es gegenüber anderen Kulten und Anschauungen mit dem Kreuz den Sieg über den Tod glaubhaft vermitteln konnte. Aber Fragen, Zweifel und Verzweiflung bleiben dennoch – damals wie heute, und heute mehr denn je. Genau bei diesen Fragen und Zweifeln und damit letztlich beim betroffenen Menschen selbst muss die heutige Pastoral ansetzen. Dieses Buch leistet dazu seinen Beitrag. Es ist eine Hilfe für Seelsorgerinnen und Seelsorger, Trauerbegleiterinnen und Trauerbegleiter, gerade auch fernstehenden, zweifelnden Menschen auf ihrem Weg aus der Trauer zu helfen. Vielleicht kann so ein durch Trauer gebrochenes Herz selbst zum Weg werden, um über die Hoffnung hinaus Heil zu erfahren.

Nürnberg, 14.11.2005 *P. Karl Kern SJ*

Hinführung

Von „Tod und Leben" in der Offenen Kirche St. Klara: Wie es zu den Trauerandachten kam

Mitten in der belebten Nürnberger Königstraße zwischen Bahnhofunterführung und Fußgängerzone liegt die katholische St. Klara-Kirche. Sie stammt aus dem 13. Jahrhundert und gehörte ursprünglich zum Areal eines Klosters des Klarissenordens. Seit 1996 nennt sie sich „Offene Kirche St. Klara“: Der Jesuitenorden hat hier eine katholische Cityseelsorge angesiedelt. Die Klara-Kirche bietet einen Raum der Spiritualität und der Begegnung und will neben dem üblichen Kirchenpublikum gerade auch für jene Menschen offen sein, die klassischen Gemeinden nicht (mehr) nahe stehen: Kirchenferne, Zweifler, Gelegenheitsbesucher.

Das Programm der Offenen Kirche macht dies deutlich: Neben regelmäßigen Angeboten wie Messe, Stilles Gebet, Rosenkranz oder Beichte finden sich unter anderem sogenannte Lebensfeiern: Gottesdienstliche Andachten für 30-, 40-, 50- und 60jährige; Segnungsfeiern für „Menschen, die zusammengehören“. Auch „Scherbengottesdienste“ für Menschen nach Brüchen im Leben gehören dazu, ebenso unkonventionelle Heiligenfeiern: ein St. Patricks-Gottesdienst etwa; oder mit Ausdruckstanz, Kunstdialog und literarischen Texten gestaltete Marienfeiern.

In den letzten Jahren hat sich St. Klara immer mehr auch zu einem Raum für Trauer entwickelt. An einer Trauerwand links neben dem Altarraum können Betroffene von früh morgens bis spät abends Kerzen, Bittzettel oder Blumen anbringen. Die Wand hat sich schon nach wenigen Monaten zu einem öffentlich zugänglichen, zugleich aber intimen Ort der Trauer entwickelt. Ihre einfachen, aufeinandergeschichteten Backsteine mit Hunderten von Hohlräumen waren bald mit Bittzetteln überfüllt.

Von dieser Resonanz waren wir durchaus überrascht. Uns hat das überdeutlich gezeigt, dass solch ein Ort bisher gefehlt hat. Dabei konnten wir natürlich auf einige Standortvorteile zurückgreifen. Da wäre zum einen die Anonymität: Wer trauert, möchte unbehelligt bleiben. Ein Ort in der Mitte einer City, von der eigenen Gemeindekirche entfernt, bewahrt einen davor, erkannt und möglicherweise befragt zu werden. Ein weiterer Faktor ist die offene Zugänglichkeit des Raumes: Von morgens um 7 bis abends um 19 Uhr steht die Kirche den Menschen zur Verfügung, eingeschränkt allenfalls durch Gottesdienstzeiten oder andere Veranstaltungen.

Bei den Trauernden handelt es sich zu einem nicht geringen Teil um Menschen, deren Trauer schon länger zurück liegt. Die Betroffenen stellt dies in eine besondere Situation: In ihrem Umkreis ist der Todesfall längst kein Thema mehr, sie bleiben deshalb mit der häufig noch unverarbeiteten Trauer allein. Ein Raum für Trauer ist damit auch ein Angebot wider das Vergessen und gegen den Zwang, sich ohne weiteres der Alltäglichkeit überlassen zu müssen.

Uns beide – meine Mitstreiterin Alexandra Völkl und mich – hat erst persönliche Betroffenheit zu dieser Trauerarbeit geführt. Bei Alexandra Völkl war es der Schock über den plötzlichen Tod ihres Lebenspartners im Alter von gerade mal Anfang 30 und die Auseinandersetzung mit diesem Schicksalsschlag. Bei mir war es der Tod meines Vaters, vor einigen Jahren bereits, der mir erst die Augen für die Bedeutung des Themas „Tod und Trauer“ in der Pastoral geöffnet hat. In zahlreichen Beerdigungen, die ich später hielt, wurde mir die Verlorenheit und spirituelle Einsamkeit der Hinterbliebenen drastisch bewusst.

So waren persönliche Erfahrungen und Beobachtungen bei anderen Trauernden letztlich unsere Triebfeder, nach neuen Möglichkeiten zu suchen, mit Trauer umzugehen. Eigene, als wesentlich erkannte Bedürfnisse spielten hier mit hinein, aber auch das eine oder andere Fragezeichen hinter manchen kirchlichen Gepflogenheiten im Bereich der Trauer. Gerade kirchlich eher fernstehende, enttäuschte oder entwöhnte Menschen wollten wir ja erreichen.

Hieraus kristallisierte sich ein Rahmen und eine stilistische Linie, die wir in allen Trauerandachten durchhielten: ein klarer Aufbau, der aber genügend Platz für Neues ließ; ritualähnlich wiederkehrende Elemente; akzentuierte, wohl formulierte Texte. Vor allem der letzte Punkt war uns wichtig: Die Betroffenen sollten nicht „zugepredigt“ oder mit weisen Sprüchen bedrängt werden. Zahlreiche Rückmeldungen haben uns hierin bestätigt.

Trauer soll zunächst auch mal stehen bleiben dürfen: Wer zu schnell mit vor Auferstehungshoffnung überquellenden Formeln vertröstet wird, fühlt sich häufig nicht ernst genommen. Trauernde wollen sich Zeit lassen dürfen; sie wollen ein Recht haben zu zweifeln, zu hadern und zu zürnen – an und mit eben diesem Gott, der ihnen doch als ein Gott des Lebens nahe gebracht worden war. Ein Teilnehmer der Trauerandachten hat es folgendermaßen auf den Punkt gebracht: Er bevorzuge „mehr Ijob als Halleluja".

Die Idee mit der Trauerwand ist nicht neu. Fürbitt-Wände oder Klagemauern in manchen Kirchen haben eine ganz ähnliche Funktion. Auch Trauerbücher liegen in einigen Sakralorten aus. Neu in St. Klara ist vielmehr die permanente Zugänglichkeit. Sie hat sich fast zu einem kleinen Markenzeichen entwickelt. Neu ist womöglich auch, dass genau diese Trauerwand im Mittelpunkt unserer Andachten steht und damit eine Brücke schlägt zwischen der Andachts-Zeit und dem Alltag. Einmal im Monat – immer am letzten Freitag – bieten wir diese Andacht an. Sie ist thematisch und meditativ gestaltet. Bis zu 80 Menschen nehmen daran teil. Im Dezember sind es über 100: Da findet die Andacht einen Tag vor Heiligabend statt.

Die Trauerandachten haben schnell Kreise gezogen: Menschen, die mit der Kirche nichts anfangen konnten, haben dadurch einen neuen Bezug zu ihr gewonnen, sehen in den Andachten nicht nur das Trauer-, sondern auch ein sie ansprechendes spirituelles Angebot. Die Trauerandachten regten andere dazu an, mit neuen Vorschlägen an uns heranzutreten, um Zielgruppen-Trauergottesdienste zu gestalten. Ein Ergebnis ist eine Andacht für früh verwaiste Eltern an jedem ersten Donnerstag eines geraden Monats. Sie trägt den Titel „Herzenskinder" und wird von einem Team aus Hebammen, Pädagogen und Theologen gestaltet. Ein weiteres Ergebnis ist die Andacht für Hinterbliebene nach Suizid: „Du bist gegangen …" – sie wird von einer regionalen Selbsthilfegruppe mit vorbereitet und findet dreimal pro Jahr statt. Im Anschluss an die jeweiligen Trauerfeiern haben die Teilnehmenden die Möglichkeit, bei einer Tasse Tee oder Kaffee noch zusammenzubleiben. Ein Trauerkreis in Seminarform („Ein paar Schritte an deiner Seite") unabhängig von den Andachten wird zusätzlich angeboten.

Die Trauerandachten greifen die Bedürfnisse vieler Menschen auf, die nach Sinnangeboten und Hilfen in Ausnahmesituationen suchen, sie in herkömmlichen Kirchenstrukturen aber nicht finden. Gespräche und Reaktionen nach Gottesdiensten haben uns dies bestätigt. Es mag bedauerlich sein, dass klassische Trauerrituale häufig nur noch wenig Resonanz finden. Vielleicht muss man jedoch einfach akzeptieren, dass sich gesellschaftlich derart viel verändert hat, dass manche Rituale einfach nicht mehr verstanden werden können. Dann ist es an der Zeit, Neues zu entwickeln, um dem ursprünglichen Sinngehalt „des Alten“ wieder gerecht zu werden.

Manchmal waren die Andachten sogar ein Ort des Kennenlernens: Kleine Gruppen haben sich daraus entwickelt, die sich zu den nächsten Trauergottesdiensten verabredeten oder im Anschluss daran gemeinsam ausgingen. Die Andacht einen Tag vor Heiligabend – außerhalb des üblichen Rhythmus – war ein Akzent, der starken Anklang fand: „Für mich war das schon der Heiligabend“, meinte eine trauernde Frau anschließend einmal. Dass die Kirche gerade in dieser Phase des Jahres die Trauernden in ihrem Gefühl der Einsamkeit nicht allein lässt und Traurigkeit mit einer gewissen Feierlichkeit zu verbinden versucht, wurde von den Anwesenden geschätzt.

Gewiss: Die Offene Kirche St. Klara ist keine Gemeindekirche. Sie kann somit bewusst andere Akzente setzen. Dennoch lassen sich manche Formen und Inhalte auf klassische Gemeinden übertragen. Im Fall der Trauer wird das deutlich: Viele Betroffenen kommen von weit außerhalb, weil bei ihnen solche Angebote fehlen.

Von anderen Gemeinden oder Einrichtungen beider großer Konfessionen aus unterschiedlichen Gegenden Deutschlands wurden wir immer wieder wegen unserer Trauerandachten angefragt. Wir haben uns deshalb entschieden, die Andachten in Form eines Buches zu veröffentlichen. Ein weiterer Grund hierfür ist unser Anliegen, dazu beizutragen, dass regelmäßige Trauerandachten an möglichst vielen Orten angeboten werden. Mit das Schlimmste für Hinterbliebene ist die Angst, die verstorbene Person könnte durch die Routine des Alltäglichen allmählich in Vergessenheit geraten. Die regelmäßigen Trauerandachten stehen dem entgegen. Sie können helfen, mit dem Verlust so zu leben, dass zum einen die Erinnerung nicht verschüttet, zum anderen aber das Weiterleben nicht behindert wird, sondern hierfür neue Kraft gewonnen werden kann.

Diese Andachten sind zwar in erster Linie für eher kirchenferne Menschen entwickelt worden. Durchaus aber können sie zugleich eine Ergänzung darstellen zu bereits vorhandenen, auch klassisch-gemeindlichen Trauerangeboten – nicht etwa eine Konkurrenz. Wir wünschen uns, dass Trauer in den Kirchen wieder stärker ihren Raum findet und die Kirchen dadurch als glaubwürdiger wahrgenommen werden: indem sie für Menschen genau dann da sind, wenn sonst niemand da ist.

Jürgen Kaufmann

Grundsätzliche Erläuterungen zu den Andachten

Stil, Charakter und Methoden

Die Trauerandachten entfalten ihre Wirkung durch eine Abwechslung der Methoden:

Neben den textlichen Teilen spielt die Musik eine große Rolle, hierbei vor allem die meditative Instrumentalmusik: häufig als begleitende Hintergrundmusik zu bestimmten Aktionen sowie Textteilen. Wenn möglich, sollte bei der Instrumentierung abgewechselt werden, also neben der Orgel öfters einmal Gitarre, Flöte, Saxophon oder Piano, eventuell auch eine gut zusammengestellte Musik-CD. Lieder sollten spärlich verwendet werden: drei oder vier genügen. Bei unbekannten Liedern müsste jemand am Mikrophon leitend mitsingen.

Die Texte selber werden am besten von zwei verschiedenen Personen gelesen. Gerade bei der Textmeditation hat sich das bewährt. Die Textteile sollten bewusst knapp und akzentuiert gehalten werden: keine Predigt oder ewige Einführungen.

Eine stille Besinnungsphase mit allenfalls leiser Hintergrundmusik, während der die Trauernden sich Gedanken oder Notizen machen können, gehört zum festen Bestandteil.

Bewusst gesetzte akustische Pausen von einigen Sekunden Länge zwischen den inhaltlichen Teilen haben sich als wohltuend herausgestellt und ergänzen, sofern gezielt eingesetzt, Text- und Musikphasen: völlige Stille anstatt ständiger Handlung.

Weitere methodische Elemente sind der Einsatz von Lichtbildern während einer Textmeditation, ebenso Poster und Schriften, Symbolgegenstände, schwarze und weiße Tücher sowie verschiedene farbige Tücher. Die Bildmotive lassen sich im Zeitalter des Internet relativ einfach besorgen. Bildmotiv-Karten zu allen möglichen Themen sind in der Regel nicht schwer zu finden, mit Hilfe von Digitalkameras lassen sich viele Motive auch schnell und einfach selbst herstellen. Durch DVD-Beamer oder auf Folie mit einem Overhead lassen sich die Bilder präsentieren.

Die Projektion ist eindrucksvoller und technisch weniger störend, wenn sie auf die Rückwand der Leinwand erfolgt. Es lohnt sich die Herstellung eines Rahmens, auf den ein Gaze-Stoff (dichter, weißer Vorhangstoff) gespannt wird: Er ist so durchlässig, dass das von hinten projezierte Bild vorne, auf der anderen Seite, gesehen werden kann.

Regelmäßig zum Einsatz kommen Teelichter, die in ausreichender Anzahl in Körben bereit gestellt sind, ebenso Notizpapier und Bleistifte sowie ein gestaltetes Liedblatt. Papier, Stifte und Liedblatt liegen bereits zu Beginn an den Plätzen aus. Zu empfehlen ist ein kleines Geschenk am Ende der Andacht als Wegbegleiter: eine Karte mit einem der verwendeten Texte etwa, eine Blume, oder ein kleiner Gegenstand, der im Großformat in der Andacht als Symbol eine Rolle gespielt hat.

Die Trauerwand spielt eine zentrale Rolle in allen Andachten: sie ist der Ort, an dem die Betroffenen nach der Zeit der Besinnung Kerzen und Zettel anbringen können. Die Wand lässt sich einfach aus einigen Backsteinen zusammenstellen. Da es zu aufwändig wäre, sie jedes Mal wieder aufzubauen, sollte eine Wand nur verwendet werden, wenn sie dauerhaft stehen bleiben kann. Im anderen Fall ließe sich vielleicht ein bereits vorhandener Opferlicht-Ständer oder ein Marienaltar als eine Art Trauernische verwenden. Möglich wäre auch, zu jeder Andacht eine Kerzenmitte zu gestalten, um die herum die Teelichter gestellt werden könnten. In einem Korb oder einer „Trauerschatulle“, die Teil jeder Andacht sein müsste, könnten die Bittzettel abgelegt werden.

Der Raum selbst sollte nicht zu hell beleuchtet sein – lieber noch ein paar zusätzliche Kerzen aufstellen!

Themen und Inhalte

Die Themen richten sich hauptsächlich nach den Jahreszeiten, zumindest schlagen sich jahreszeitliche Elemente darin nieder: Gerade in der Trauer spielt der Einfluss der Jahreszeiten eine große Rolle. Hierzu gehören auch mögliche anstehende Festtage (Weihnachten, Karfreitag, Allerheiligen), die auch für Fernstehende nach wie vor prägend sind.

Symbole können ebenfalls Aufhänger für die Themen und roter Faden für den inhaltlichen Verlauf sein. Ebenso wie Märchen, Bilder und Zitate aus Bibel und Literatur sowie Sprichworte.

Inhaltliche Schwerpunkte haben sich im Laufe der Andachten herauskristallisiert und decken sich auch mit den Erfahrungen aus Trauerkreisen oder anderen Gesprächsangeboten für Trauernde:

- Schuld und Selbstvorwürfe („Wieso war ich nicht rechtzeitig da, als er starb?" „Warum habe ich nichts gemerkt?" „Hätte ich nicht vieles anders machen können?" „Bin ich ihr gerecht geworden?"),
- Vorwürfe gegenüber Gott („Wieso lässt er ausgerechnet diesen Menschen sterben?"),
- Angst vor dem Vergessen („Der Todestag ist jetzt schon ein Jahr her"),
- Erinnerungen – als Last oder auch als einziger Ort der Freude,
- Leid (Ijob: Warum muss der Gerechte leiden? Leidphasen thematisieren, Recht auf Leiden),
- Hoffnung (kleine Zeichen mitten in der Nacht),
- Sinn („Darf man überhaupt von Sinn sprechen im Zusammenhang mit einem Todesfall?")

Viele Andachten decken einige dieser Punkte gleichzeitig ab, es hat sich aber auch als sinnvoll herausgestellt, Andachten schwerpunktmäßig entweder mit dem Thema „Leid" oder aber mit „Hoffnung" zu gestalten.

Aufbau

Der Aufbau der Andachten versucht einer gewissen Rhythmik gerecht zu werden. Meistens beginnt die Andacht mit ruhiger Instrumentalmusik, ehe ein Gebet oder ein anderer knapper Textteil folgt. Es hat sich auch als wirkungsvoll erwiesen, einfach mit einem Text anzufangen und direkt darauf Instrumentalmusik zu bringen. Nach Begrüßung und Lied folgt in der Regel eine Bibelstelle, danach wieder Instrumentalmusik, die in eine Textmeditation übergeht.

Die Textmeditation ist in sich bereits rhythmisch gestaltet: Zwischen den Textteilen, während denen zumeist ein Symbol oder ein Dia gezeigt wird oder aber eine entsprechende Aktion erfolgt, liegen kurze Phasen meditativer Musik, ebenso – etwas länger – am Ende der Textmeditation.

Es schließt sich eine Zeit der Stille bzw. Besinnung an: In ihr können die Anwesenden das Gehörte nachklingen lassen und auf ein bereit liegendes Blatt Papier notieren, was sie bewegt. Es empfiehlt sich ein kurzer Impulsgedanke als Einstieg zu dieser Phase.

Der Gang zur Trauerwand folgt als nächstes: Die Trauernden werden eingeladen, nach vorne zu kommen und ihre beschrifteten Blätter in die Trauerwand zu stecken, dabei eine Kerze, die ihnen vorne überreicht wird, anzuzünden und ebenfalls auf die Wand zu stellen. Betont werden sollte, dass auch nach vorne kommen kann, wer lediglich eine Kerze anzünden will. Während dieser Zeit wird meditative Musik im Hintergrund gespielt.

Zur Sammlung und gedanklichen Zusammenfassung erfolgt ein kurzer, fürbittähnlicher Text, dann das Vaterunser, ein Lied, schließlich Vermeldungen sowie (wenn möglich) eine Einladung zum anschließenden Beisammensein, ein Schlussgebet mit Schlusssegen, ein weiteres Lied und ruhige Instrumentalmusik zum Ausklang.

Am Ausgang erhält jeder Besucher ein kleines Geschenk.

Hilfsmittel

Jede Andacht wird durch ein eigenes Plakat sowie Handzettel angekündigt. Die Gestaltung beinhaltet einen festen Schriftzug, ein festes Logo und einen festen Aufbau des Plakates, nur Bildmotiv und Thema sind neu. Vor allem Kirchengemeinden und sozial-karitative Einrichtungen, aber auch Bestattungsunternehmen, Friedhofsverwaltungen oder Grabsteingeschäfte sind die Adressaten, ein Anschreibe-Brief erläutert das Angebot und bittet um eine gute Zusammenarbeit. Zu Beginn einer „Saison“ empfiehlt sich ein Plakat mit einer allgemeinen Terminübersicht. Sinnvoll ist es, einen festen Tag mit fester Uhrzeit innerhalb eines festen Rhythmus beizubehalten (zum Beispiel: „Jeden letzten Freitag im Monat“). Die Presse sollte über dieses Angebot grundsätzlich informiert werden (eigener Bericht?), aber auch vor jedem neuen Termin (wenigstens Aufnahme in den Terminkalender).

Erfahrungen

Die Regelmäßigkeit spielt eine große Rolle bei den Trauerandachten. Das betrifft neben Tag, Uhrzeit und Ort auch die Dauer einer Andacht (maximal eine Stunde!) sowie wiederkehrende Elemente. Wie in der Kirchenliturgie allgemein haben solche regelmäßigen Punkte entlastende Funktion.

Herausgestellt hat sich auch: Je knapper, desto besser. Texte müssen nicht endlos lang sein, vorausgesetzt, sie sind akzentuiert und pointiert.

Über eines sollte man sich im klaren sein: Keine Trauerandacht kann es jedem recht machen, dazu ist der Stand der Trauer zu unterschiedlich. Die Besucher teilen sich meistens in zwei Fraktionen. Der einen kommt „zu wenig Ijob“ vor, der anderen waren nicht genügend Hoffnungsgedanken dabei. Doch Vorsicht: unter Hoffnung wird keine kirchliche Vertröstung verstanden. Es geht vielmehr um kleine Perspektiven inmitten der Nacht, die vielleicht dazu beitragen, den Blick ein wenig zu verändern (wenn beispielsweise die Schuldgefühle zu groß sind).

Auf eine anschließende Treff-Runde bei einer Tasse Tee sollte nicht verzichtet werden. Es soll kein groß angeleiteter Gesprächskreis sein, sondern den Trauernden lediglich die Chance geben, noch ein wenig in Geselligkeit beisammen zu bleiben. Etwa ein Drittel der Besucher macht in der Regel von dem Angebot Gebrauch.

Manche Andachtsbesucher liefern während dieses Treffens auch Anregungen für künftige Andachten. Diese sollten durchaus aufgegriffen werden, da sie aus der unmittelbaren Betroffenheit kommen und stellvertretend für viele sein können.

Auf die Qualität der Musik muss ein gewisser Wert gelegt werden: Bisweilen ist sie wichtiger als der eine oder andere Text.

Wenn irgendwie möglich, sollte eine Trauerandacht einen Tag vor Heiligabend oder auch am Karfreitag angeboten werden – jeweils entsprechend gestaltet, versteht sich. Die Trauernden sind in dieser Zeit noch hilfsbedürftiger, aber zugleich auch offener für Gedanken.

Die möglichen Geschenke am Ende einer Andacht wirken häufig noch Monate nach. Trauernde haben erzählt, sie haben diese

Geschenke (ganz einfache, unaufwendige Dinge) zuhause wie auf einem Altar gesammelt. Sie helfen ihnen über Durststrecken hinweg.

Finanziell trägt sich die Andacht übrigens häufig selbst: Die meisten Anwesenden beteiligen sich gerne am Ende durch eine Spende an den Kosten.

Die Andachten im Jahreskreis

„Mögen Engel dich begleiten"
– Andacht im November –

Gestaltungselemente
– Leinwand
– Dia-Projektor, OVH oder Video-Beamer
– Dias, Folien oder Diskette mit vier verschiedenen Engel-Motiven herstellen (Isolde Ohlbaum: Aus Licht und Schatten, Engelbilder, knesebeck-Verlag)
– Blätter und Schreibstifte bereit legen
– Teelichter in genügender Anzahl in Körben bereit halten
– Geschenk: kleiner Engel oder Textkarte mit Engelmotiv

Übersicht
1. Instrumentalmusik
2. Text
3. Begrüßung und Einführung
4. Lied: „Ich steh vor dir mit leeren Händen, Herr“ (Gotteslob, 621)
5. Namen des Verstorbenen auf Kärtchen schreiben
6. Instrumentalmusik
7. Bibeltext: Psalm 91
8. Instrumentalmusik
9. Bildmeditation: Vier Engel
10. Besinnung
11. Trauerwand
12. Text
13. Vaterunser
14. Lied: „Meine Zeit steht in deinen Händen“ (Erdentöne-Himmelsklang, 121)
15. Segenstext
16. Hinweise / Einladung
17. Lied: „Komm, Herr, segne uns“ (Gotteslob, 995)
18. Instrumentalmusik

Ablauf mit Texten

1. Instrumental

2. Engeltext
Engel gibt es nicht. Gesehen habe ich noch keinen.
Engel gibt es schon. Manchmal spüre ich: Da muss einer neben mir sein.
Engel sind Einbildung, um sich selbst Mut zu machen.
Engel sind Wirklichkeit.
Sie haben mich schon in manch dunkler Stunde gerettet.
Engel wurden erfunden, um Menschen in Schach zu halten, sie in falscher Sicherheit zu wiegen.
Engel sind wirklich da: Manchmal schlage ich eine bestimmte Richtung ein – und erkenne nachher, da war jemand, der mir diese Richtung gewiesen haben muss.

3. Begrüßung
„Mögen Engel dich begleiten." Dieser Titel der heutigen Feier ist kein Zufall: Sie kennen diesen Satz. Er ist Teil des Ritus, der häufig bei Beerdigungen verwendet wird. Engel mögen dich begleiten – das klingt fast poetisch. Dahinter steckt eine starke Aussage: Wo immer du auch bist, ob auf den lichtesten Höhen oder in der tiefsten Finsternis – Gott lässt dich nicht allein. Und damit du dies wahrnimmst, sendet Gott dir Zeichen. Er schickt dir Boten, die dir zur Seite stehen. Sogar über diese Welt hier hinaus. Ein schöner Gedanke. Doch manchmal ist er verdammt schwer zu glauben. Wer von Ihnen hat nicht schon so manches Mal vergebens auf ein Zeichen gewartet oder auf solch einen Boten – was oder wer auch immer das sein mag. Manchmal wünschen wir uns jemanden, der uns aus unserer Dunkelheit reißt. Wenn unsere Wege finster wie die Nacht sind. Und wir nur noch sagen können: Ich steh vor dir mit leeren Händen, Herr.

4. Lied: Ich steh vor dir mit leeren Händen, Herr

5. Namen des Verstorbenen auf Kärtchen schreiben
Manchmal kommen in persönlichen Geschichten Engel vor. Immer aber geht es in Geschichten um einen bestimmten Namen. Der Mensch, wegen dem Sie hier sind, hat einen Namen. Und der soll und wird nicht in Vergessenheit geraten. Wir laden Sie ein, diesen Namen auf eines der Kärtchen zu schreiben, die vor Ihnen auf der Bank liegen.

6. Instrumentalmusik

7. Bibeltext: Psalm 91
Denn Gott befiehlt
seinen Engeln,
dich zu behüten
auf all deinen Wegen.
Sie tragen dich
auf ihren Händen,
damit dein Fuß
nicht stößt
an einen Stein.
Über Nattern
und Schlangen
wirst du schreiten,
treten auf Löwen
und Drachen

8. Instrumentalmusik
Nach Beginn läuft Musik bei folgendem Text im Hintergrund ruhig weiter.

9. Engelmeditation

Bild: Schutzengel

„Gott befiehlt seinen Engeln, dich zu behüten?“
Wo war der Schutzengel, als die Nacht hereinbrach?
Sollte er wirklich da gewesen sein,
dann war der Todesengel stärker.

Wo war dieser Schutzengel,
als sich der Boden öffnete
und ich in die Tiefe stürzte?

Vielleicht hast du gespürt, als es am dunkelsten war:
Da ist etwas, das mich hält!
Eben dann, wenn der Fall unaufhaltsam erschien.
Du kamst dir vor wie ein Wanderer
zwischen Angst und Vertrauen,
beladen mit der Ungewissheit,
ob dir Herberge bereitet ist, wenn die Nacht hereinbricht.
Immer wieder hast du ihn aus den Augen verloren,
den Weggefährten.
Doch immer wieder holt er dich ein.

Bild: Mensch als Engel

„Sie tragen dich auf ihren Händen,
damit dein Fuß nicht stößt an einen Stein?“
Wer sind sie,
die verhindern wollten und nicht konnten,
dass ich auf dem harten Boden der Wirklichkeit aufschlug?
Dass ich selbst wie ein Stein da lag,
starr und unbeweglich?
Lichtgestalten, die kein Licht erzeugen?

Es gibt Tage, da verstehen wir den, der sie sendet, nicht mehr.
Kein Himmel wird aufgerissen,
kein Licht blendet, kein Gesang durchbricht die Stille.
Vielleicht ist es nur ein einziger Mensch,
dem plötzlich ein Licht aufgeht, der Neues sieht,
in sich eine Stimme hört, endlich versteht und weiß:
So kann es nicht bleiben.
Immer wieder gehen Sterne auf und erzählen uns vom Leben.
Immer wieder erscheinen Engel,
und weisen uns den Weg.
Immer wieder begegnen uns Menschen.

Bild: Der Verstorbene als Engel

„Über Nattern und Schlangen wirst du schreiten,
treten auf Löwen und Drachen?“
Was ist mit dem geschehen,
dem solche Worte verheißen wurden?
Hat ihm nicht an den Grenzen der Kraft
die Erschöpfung ihre unstillbare Müdigkeit aufgezwungen?
Haben ihn nicht Gedanken überschwemmt,
in denen kein Licht mehr war?
Er wurde zu Stein,
umwuchert von Moos im Schlaf.

Wenn wieder hell wird, wo es dunkel war,
wieder warm, wo es kalt war,
wieder gesprochen wird, wo Schweigen trennte.
Wenn wir wieder träumen,
Engel hören,
dann entsteht neues Leben.
Achte auf die Botschaft deiner Träume.
Sie können dir in hellen Bildern
einen Weg weisen.
Erinnere dich an das, was dich glücklich machte,
was dir Kraft und Hoffnung gab.
Erinnere dich an den Menschen, der dir wichtig war
und immer noch ist. – Er kann ein Engel sein in deinem Herzen
Ein Engel, der weint über deine Finsternis
und sich freut über dein Licht.

Bild: Engel als Bote

„Denn Gott befiehlt seinen Engeln?“
Gottes Engel?
Die dunklen Bilder vergangener Zeiten,
die mich wie Schatten in meine Träume hinein quälen,
möchte ich ausatmen können.
Ich warte Tag und Nacht auf den Engel,
der mir die Verzagtheit und den Druck von meiner Seele räumt.

Der mir die Botschaft von der Zukunft bringt.
Welcher Engel wird mir die Asche aus meinen Kleidern schütteln,
welcher Engel wird mir den grauen Schleier von meinem
Herzen ziehen
und mir einen neuen Weg weisen?

Manchmal stellt sich uns mitten am Tag
ein Engel in den Weg, an dem kein Vorbeikommen ist.
Unsichtbar durchkreuzt er all unsere Pläne
und zwingt uns, eine andere Richtung einzuschlagen.
Erst sehr viel später vermögen wir dann zu sagen:
Gott sei Dank.
Die Botschaft, die dahinter steckt:
Dass Gott in großer Spannung oder Gefahr
Menschen so nahe kommt, dass sie in einem Menschenwort
das Wort eines Boten Gottes hörten.
Dass sie in einer helfenden Hand
die von Gott geschickte Hilfe erfuhren.
Solange Gott die Erde trägt, schickt er seine Engel.
Und in ihnen allen ist dies eine zusammengefasst:
Was auch passiert – Du kannst nicht tiefer fallen als in
Gottes Hand.
Fang an zu leben, denn er ist bei dir.

10. Besinnung

Einladung, Gedanken, Gefühle, Wünsche auf Kärtchen zu schreiben. Hintergrundmusik

11. Trauerwand

Texte zur Trauerwand bringen, dort Kerze anzünden. Hintergrundmusik

12. Text

Such' mich,
wenn ich so am Boden bin,
dass es tiefer nicht mehr geht.
Ergreif mich
in der grenzenlosen Trauer,

die meine Seele erdrückt.
Berühre mich
und mein trauerwundes Herz
mit deinem heilenden Flügelschlag
– Engel.

Ich liege da
und werde nicht mehr fliehen:
Dass du mich findest,
in meinen dunklen Gedanken
und mir Lichtspuren einhauchst,
hin zum Ende der Nacht

13. Vaterunser

14. Lied: Meine Zeit liegt in deinen Händen

15. Segenstext
Möge ein Engel vor dir hergehen und dir die Richtung weisen,
in der du Erfüllung findest Schritt für Schritt.
Möge ein Engel hinter dir stehen, um dir den Rücken zu stärken,
damit du aufrecht und wahrhaftig leben kannst.

Möge dich ein Engel begleiten,
zu deiner Rechten und zu deiner Linken,
damit du bewahrt bleibst vor den Angriffen derer,
die es nicht gut mit dir meinen.

Möge ein Engel unter dir stehen,
um dich zu tragen,
wenn du keinen festen Boden mehr unter dir spürst.

Möge ein Engel in dir sein,
um deine Tränen zu trocknen
und dein Herz mit dem Licht der Zuversicht zu erhellen.

Möge ein Engel über dir sein,
um dich zu behüten vor den alltäglichen Gefahren,

damit kein Unheil dein Leben bedroht.
Mögen dich alle Engel des Himmels
mit ihrem Segen erfüllen und umhüllen
an allen Tagen deines Lebens und in jeder Nacht …

Möge dich und uns alle der segnen,
der all die Boten in ihren unterschiedlichen Kleidern sendet:
Gott, der Vater, der Sohn und der heilige Geist.
Amen.
(frei nach einem irischen Segen)

16. Einladung und Hinweis

17. Lied: Komm, Herr, segne uns

18. Instrumentalmusik

„Wo warst du, Gott?"
– Andacht im Februar –

Gestaltungselemente
- Schwarzes Tuch im Altarraum
- Vier Vasen mit kleinen Blumensträußen bereit stellen
- Blätter und Schreibstifte bereit legen
- Teelichter in genügender Anzahl in Körben bereit halten
- Geschenk: Textkarte mit Segenstext

Übersicht
1. Text: Wo bist du, Gott?
2. Instrumental
3. Begrüßung / Einführung
4. Lied: Aus tiefer Not (Gotteslob, 163)
5. Geschichte: Wo ist Gott?
6. Instrumental
7. Gebet
8. Lied: Manchmal kennen wir Gottes Willen (Gotteslob, 299)
9. Meditation
10. Besinnung
11. Zettel / Kerzen nach vorne zur Trauerwand bringen, Instrumentalmusik
12. Text
13. Vaterunser
14. Lied: Herr unser Herr, wie bist du zugegen (Gotteslob, 298)
15. Segenstext
16. Einladung / Hinweise:
17. Lied: Herr, dir ist nichts verborgen (Gotteslob, 292)
18. Instrumental

Ablauf mit Texten

1. Text: Wo bist du, Gott?
Hat man uns nicht gesagt, dein Name sei Jahwe: der „ich-bin-da"?

Hast du nicht selbst gesagt, du würdest da sein – zu allen Zeiten?
Haben wir nicht als kleine Kinder gelernt, dass wir jeden Morgen, jeden Abend, zu dir beten dürfen und du würdest uns erhören?
Jetzt habe ich dich gebraucht. Ich habe deinen Namen gerufen: Jahwe!
Ich habe auf deine Antwort gewartet, deiner Hilfe geharrt.
Doch alles blieb still.
Da war kein Arm, der mich vor dem Fallen bewahrte,
kein Engel, der mir in der Finsternis beistand,
kein Lichtblitz, der alles ungeschehen macht.
Ich rief und ich rufe.
Ich schreie: Wo bist du Gott?

2. Instrumental

3. Begrüßung / Einführung
Als ich nicht mehr weiter wusste, als sich vor mir der Abgrund auftat: Wo warst du, Gott? Diese Frage steht im Mittelpunkt unserer heutigen Abschiedsfeier. Zu allen Zeiten zweifelten Menschen an Gott: Was für einen Sinn soll denn ein Gott haben, der nicht da ist, wenn er da sein müsste? Diese Frage haben Sie sich gewiss schon manches Mal gestellt. Im Alten Testament gibt es eine Figur, die mit dieser Frage, ja für diese Frage regelrecht lebt. Die Figur des Ijob. Ein ganzes Buch ist nach ihm benannt. Zu Beginn haben wir Auszüge aus Ijob gehört. Er ist ein Mensch, der vom Schicksal mehr als hart getroffen wurde und nicht mehr weiter weiß. Und der an Gott zweifelt und mit ihm hadert. Wo warst du, Gott?

4. Lied: Aus tiefer Not

5. Geschichte: Wo ist Gott?
Ein jüdischer Rabbi floh mit seiner Frau und seinem Kind vor der spanischen Inquisition in einem kleinen Boot über das stürmische Meer und trieb auf eine steinige Insel zu. Es kam ein Blitz und erschlug die Frau. Es kam ein Sturm und schleuderte das Kind ins Meer. Allein, elend, zerrissen, geschlagen vom Sturm und geängstigt vom Donner schrie der Rabbi auf der wüsten Felseninsel zu Gott: „Gott von Israel, ich bin hierher geflohen, um dir ungestört

zu dienen. Du hast alles getan, damit ich nicht an dich glaube. Solltest du meinen, es wird dir gelingen, mich von meinem Weg abzubringen, so sage ich dir, mein Gott: Es wird dir nicht gelingen. Du hast mir das Beste und Teuerste genommen, was ich auf der Welt habe, du kannst mich zu Tode peinigen: Ich werde immer an dich glauben – dir selbst zum Trotz.

(Quelle unbekannt)

6. Instrumental

7. Gebet

Du bist alles, Gott, und außer dir ist nichts,
Du bist das Leben, Gott,
und außer dir ist alles leer.
Der du viele Namen hast in aller Welt,
und viele Gesichter bei allen Menschen:
Verlass uns nicht.
Der du eine große Frage bist in unseren Herzen:
Steh uns bei.

(Quelle unbekannt)

8. Lied: Manchmal kennen wir Gottes Willen

9. Meditation

schwarzes Tuch
vier Vasen mit Blumen stehen – zunächst nicht sichtbar – bereit

Mein Gott, mein Gott,
warum hast du mich verlassen,
bist fern meinem Schreien,
den Worten meiner Klage?
Ich rufe bei Tag, doch du gibst keine Antwort;
ich rufe bei Nacht und finde doch keine Ruhe.

Du sagtest: Ich werde da sein!
Aber wo bist du, wenn es Nacht wird?
Wo bist du, wenn die Erde bebt?

Bist du etwa da – in Not und Tod,
in Schmerz und Leid?

Gott, hörst du das Wohin, das Wozu, das Warum?
Alles ist fragwürdig geworden.
Ich selbst werde mir täglich zur Frage.
Kennst du eine Antwort?

Zeig' dich endlich!
Zeig uns doch,
dass du der bist, der da sein will!

Du, thronst über allem.
Unsere Väter haben dir vertraut
– und du hast sie gerettet.
Zu dir riefen sie
– und wurden befreit.

Gewiss, ich leide
und doch frage ich mich:
Warum sollte ich
nicht Bruder der Zweifelnden sein
und ihr Entbehren teilen?

Auf dich warten, mein Gott,
auch wenn es lange Zeit braucht,
bis die Unruhe sich legt in mir.
Auf dich warten, mein Gott,
auch wenn meine Sinne
dich lange nicht wahrnehmen.
Auf dich warten,
auch wenn der Gedanke zu fliehen
übermächtig wird.
Auf dich warten, annehmen,
dass ich dein Nahesein
nicht erzwingen kann.

Musik
1. Blumenvase auf Tuch stellen

Ich bin ein Nichts und kein Mensch.
Der Leute Spott, vom Volk verachtet.
Alle, die mich sehen,
verlachen mich, verziehen die Lippen,
schütteln den Kopf:
„Er wälze die Last auf den Herrn,
der soll ihn befreien.
Der reiße ihn heraus,
wenn er an ihm Gefallen hat."

Die Farben des Lebens sind zurückgeflossen
in das Schwarz von Nacht und Erde.
Es lässt nichts erkennen:
Nicht, wo du bist, geliebter Verstorbener.
Nicht, wo ich bin im Gang des Lebens.
Nicht, wo du bist, ewiger Gott.

Mein Schmerz sucht den Schrei
und findet keinen Ton.
Meine Klage sucht den Anwalt
und findet keine Worte.
Gott, höre den stillen Schrei,
vernimm die wortlose Klage.
Sei mir nicht fern,
denn die Not ist nahe
und niemand ist da, der mir hilft.

Von Geburt an bin ich geworfen auf dich,
vom Mutterleib an bist du mein Gott.
Entreiße mein Leben
aus der Gewalt der Zerstörung.
So will ich deinen Namen
meinen Brüdern verkünden,
inmitten der Menschen dich preisen.

Mein Gott, ich ahne,
dass du kommen wirst,
wenn meine Wünsche
nicht mehr wie eine Mauer
zwischen dir und mir stehen,
wenn mein Wollen
nicht mehr einem widerspenstigen Tier gleicht,
das im Freund
den Feind zu wittern argwöhnt.

Gewiss, ich denke manchmal,
dass du, Herr,
deine Menschen hoffnungslos überforderst,
wenn du Vertrauen erwartest,
uns aber nichts ersparst
an Schwerem.
Dann verstumme ich,
Herr, weil ich nichts vernehme
als dein Schweigen,
obwohl ich ausgehungert bin
vor Verlangen nach deiner Antwort
auf meine Fragen.
Dann nehme ich mir vor,
ohne dich weiterzugehen.
Und dennoch kehre ich immer zurück zu dir.
Denn dass sich dein Nahesein nie gespürt hätte,
ist nicht wahr.
Auch, wenn ich an dir leide: Du bist mein Gott.

Musik
2. Blumenvase hinstellen

Ich bin hingeschüttet wie Wasser
Gelöst haben sich alle meine Glieder.
Mein Herz ist in meinem Leib wie Wachs zerflossen.
Meine Kehle ist trocken wie eine Scherbe.
Die Zunge klebt mir am Gaumen.
Du legst mich in den Staub des Todes.

Wie von Hunden werde ich umlagert,
Finsternis umkreist mich.
Gott, ich klage dich an,
ich beschimpfe dich,
Ich schreie immer noch nach dir!

Mein Gott,
weißt du noch, wie glücklich wir waren?
Ich weigere mich, anzunehmen,
was unannehmbar ist.
Ich weigere mich zu begreifen,
was unbegreifbar ist.
Ich lehne mich auf. Ich sage „Nein“.

Wie schwer ist es zu sagen:
„Dein Wille geschehe.“
Herr, ich kenne den Maßstab nicht,
nach dem du die Lasten verteilst.
Ich weiß nicht, warum du es zulässt,
dass Kindern die Mütter,
dass Müttern die Kinder,
dass Menschen der Partner
genommen werden.
Wie kann ich wissen, ob du mich hörst?
Wie kann ich fühlen,
ob mein Schweigen dich erreicht?
Wie soll ich glauben,
dass mein Gebet nicht verhallt?

Musik
3. Blumenvase hinstellen

Die ihr den Herrn fürchtet,
preist ihn und rühmt ihn.
Denn er hat nicht verachtet,
nicht verabscheut das Elend der Armen.
Er verbirgt sein Gesicht nicht vor ihm;
er hat auf sein Schreien gehört.

Deine Treue, Herr,
preise ich in großer Zahl.

Schmerzlich entbehre ich,
was du mir genommen hast, Gott.
Aber ich stehe nicht mehr gegen dich auf.
Immer noch weine ich,
aber ich spüre,
es wird ruhiger in mir.
Eine stille Zuversicht beginnt zu wachsen
auf dem Grund meiner Tränen.

Vielleicht, dass es nie mehr sein wird,
aber dass es war,
dieses Schönste,
kann mir niemand rauben.
Mag ich auch ein Verwundeter bleiben,
so glaube ich doch,
dass ich eines Tages
über die Klage hinauswachsen kann.
Ich werde zurückschauen
und annehmen können,
was zerbrochen ist
und was verfinstert war.

Verborgen hinter dunkler Wolke
bist du mein Gott,
aber manchmal berührt mich etwas wie Licht,
berührt mich Wärme,
und ich tauche ein in ein Meer von Trost.
Kein Fragen mehr, das mich aufzehrt.
Du bist da, das ist genug.
So kann ich weitergehen
auf dem unbegreiflichen Weg,
den du mich führst.

Musik
4. Blumenvase hinstellen

10. Besinnung
Erläuterung: Gedanken / Notizen,
anschließend Meditationsmusik

11. Trauerwand
Erläuterung: Zettel / Kerzen nach vorne bringen
Instrumentalmusik während der Aktion

12. Text
In Angst und Enge suche ich deine Augen.
In Tränen und Trauer suche ich deine Augen.
In Krankheit und Tod suche ich deine Augen.
In Sorgen und Kummer suche ich deine Augen.
In Resignation und Nacht suche ich deine Augen.
In allen Abgründen des Lebens suche ich deine Augen.
(Quelle unbekannt)

Wenn ich stürze, den Boden verliere,
fang du mich auf, abgründiger Gott,
auf dem Grund meiner Seele.

13. Vaterunser

14. Lied: Herr unser Herr, wie bist du zugegen

15. Segenstext
Zur Weite ist mir die Enge geworden,
denn in der äußersten Verlassenheit habe ich erfahren,
wie geborgen ich bin.
Arm musste ich werden,
um zu erkennen,
wie reich ich bin in dir.

Weil du mich festhälst, wage ich loszulassen,
was deine Liebe mir abverlangt.
Zaghaft noch sind meine Schritte,
aber ich gehe mit dir.

Ich spanne die Flügel des Vertrauens aus
und lasse mich führen auf dem Weg,
den du mir bestimmt hast.
(Antje Sabine Naegeli: Ich spanne die Flügel des Vertrauens aus, Verlag am Eschbach der Schwabenverlag AG, Eschbach 2000)

Auf diesem Weg segne uns
Gott, der Vater, der Sohn und der heilige Geist.

16. Einladung / Hinweise

17. Lied: Herr, dir ist nichts verborgen

18. Instrumental

Kreuzwege – Wegkreuze
– Andacht in der Fastenzeit / am Karfreitag –

Gestaltungselemente
– Leinwand
– Dia-Projektor, OVH oder Video-Beamer
– Dias, Folien oder Diskette mit drei Motiven:
– „Der Schrei“: Gemälde von Edvard Munch o.ä. Bild / Wege, die sich kreuzen / Menschen, die sich begegnen
– Blätter und Schreibstifte bereit legen
– Teelichter in genügender Anzahl in Körben bereit halten
– Geschenk: kleines Kreuz zum Umhängen

Übersicht
1. Instrumental
2. Gedanken
3. Begrüßung / Einführung
4. Lied: Aus der Tiefe rufe ich zu dir (Erdentöne-Himmelsklang, 198)
5. Geschichte
6. Instrumental
7. Gebet
8. Lied: Hilf, Herr meines Lebens (Gotteslob, 622)
9. Meditation
10. Besinnung
11. Trauerwand
12. Kurzer Text
13. Vaterunser
14. Lied: Ich möchte, dass einer mit mir geht (Cantate, 188)
15. Einladung/Hinweise
16. Segenstext
17. Lied: Herr, wir bitten: Komm und segne uns (Erdentöne-Himmelsklang, 60)
18. Instrumental

Ablauf mit Texten

1. Instrumental

2. Gedanken

Kreuz am Wege
Wo muss ich hin?
Schon spür ich die Dämmerung.
Wo liegt der Sinn?

Ein letztes Aufflackern.
Wie geht's nun weiter?
Fragen über Fragen
– bis ans End' meiner Zeiten?

Erinnerung lockt mich:
Weißt du noch, damals...
Der Atem stockt mir.
Denn nun heißt es: niemals

Kreuz am Weg.
Tränen fallen
auf den Staub der Straße.
Niemand sieht sie.

3. Begrüßung / Einführung

In einem afrikanischen Sprichwort heißt es: „Zu Bäumen, die keine Früchte tragen, führt kein Weg." Ein Weg entsteht also immer, wenn es ein Ziel gibt, zu dem man gehen will. Was aber, wenn der Weg, der so klar und hoffnungsvoll scheint, plötzlich nicht mehr weiterführt? Wenn er durchkreuzt wurde? „Kreuzwege – Wegkreuze." So haben wir den heutigen Abschiedsgottesdienst in unserem Raum für Trauer genannt. Kreuze und Wege. Beides begegnet uns ständig: Wir gehen draußen an Straßenkreuzungen vorbei. Irgendjemand kreuzt unseren Weg. Irgendetwas durchkreuzt diesen Weg. Wegkreuze fordern zur Entscheidung auf. Weg und Kreuz, das sind zwei uralte Symbole: Im Kreuz verbindet sich vertikal und horizontal, was nicht miteinander zu verbinden ist:

Licht und Dunkel, Himmel und Erde, Licht und Dunkel, Himmel und Tod. Im Weg deutet sich an, was möglich noch ist. Wenn Wege sich kreuzen, dann endet etwas. Und etwas beginnt.

4. Lied: Aus der Tiefe rufe ich zu dir

5. Geschichte
Als Kind wurde mir folgende alte Legende erzählt: Ein Mensch hadert mit Gott über das schwere Kreuz, das er auf seinem Lebensweg zu tragen hat. Da lässt Gott ihn in einen Raum führen, wo alle Kreuze der Menschen aufgestellt sind. Und der Mensch macht sich auf die Suche nach einem anderen Kreuz. Er sieht ein ganz dünnes, aber es ist länger und größer. Er sieht ein ganz kleines. Aber es ist schwer wie Blei. Er sieht ein ganz ebenmäßiges. Aber es hat spitze Stacheln auf der Rückseite. Da entdeckt er eines, das ihm zusagt. Dies will er künftig nehmen. Aber als er näher herantritt, bemerkt er, dass es genau das Kreuz ist, das er bisher schon getragen hat.

Ich wehre ich mich gegen den Gedanken an Kreuze, die uns angeblich auferlegt sind. Und trotzdem fühle ich mich ohnmächtig, wenn Lasten mich wie Kreuze zu erdrücken drohen – scheinbar unausweichlich. Aber ich frage mich dann manchmal: Wenn unser Kreuz ein Kreuz auf unserem Weg ist: ist es dann nicht ein Wegkreuz, das eine Richtung anzeigt? Doch welche Richtung?

6. Instrumental

7. Gebet
Gott, manchmal sehe ich mich am Ende des Weges.
Überfordert, weiterzugehen,
diesen Weg,
der durchkreuzt ist,
der längst nicht mehr der meine ist.

Doch ich erkenne keinen anderen Weg für mich,
und stehen bleiben kann ich nicht.
Eine Richtung muss ich einschlagen,

und weiß doch nicht,
ob sie zum wahren Weg wird.

Wie immer ich auch entscheide,
es gibt kein Zurück.
So bleibt mir, Gott,
nur zu bitten:
Im Chaos meiner Gefühle,
im Dunkel meiner Gedanken,
in der Zerrissenheit meines Daseins:
Steh mir bei.
Denn was bleibt, wenn nichts bleibt,
ist die Hoffnung,
dass du allein
meinen Weg kennst.

8. Lied: Hilf, Herr meines Lebens

9. Dia-Meditation
Musik 30 sec, dann leiser
Bild: Edvard Munch – Der Schrei

Ein stiller Schrei, der mit der Landschaft zerfließt.
Ein Blick voller Ohnmacht, der ins Leere geht.
Steil ab fällt der Weg. Er endet im Nichts.
Ein Sturz ins Bodenlose?
Entsetzen über das, was war.
Furcht vor dem, was kommt.
Alles verschwimmt. Alles zerfällt.
Das Leben wird zur Unbekannten.
Menschen eilen an mir vorbei,
als wäre nichts.
Sie blicken in die Landschaft,
als gäbe es kein Gestern,
das heute schon vergangen ist.
Hört ihr denn nicht das laute Schreien,
das man für gewöhnlich
„Totenstille“ heißt?

Musik etwas lauter, 20 sec, dann leiser

Abgrund, Strudel und Sturm
Sind in mir, sind um mich herum.
Sei du mir, Gott,
Geländer am Abgrund,
Wand gegen den Sturm
gegen das Chaos, das alles verschlingt.
„Mit lauter Stimme schreie ich zum Herrn.
Laut flehe ich zum Herrn um Gnade.
Ich schütte vor ihm meine Klagen aus.
Eröffne ihm meine Not.
Wenn auch mein Geist in mir verzagt.
Du kennst meinen Pfad."
Kennt er meinen Pfad?
Heimatlos, ziellos, verirrt
auf dem weiten Meer meines Lebens:
„Werde ich bei dir ankommen,
in deinem ewigen Hafen?
Hörst du den stillen Schrei,
vernimmst du die wortlose Klage?"

Musik lauter, 30 sec, dann leiser
Bild: Wege, die sich kreuzen

Wege, die sich überschneiden.
Wege, die sich kreuzen.
Wege, die plötzlich unterbrochen sind.
Durchbrochene Wege.
Durchkreuzte Wege.
Menschen, die auf Wegen laufen.
Menschen, die getrennt laufen.
Wege, die sich entfernen.
Wie weit noch?
Wie weit kann ich gehen?
Du hast mich aus der Spur gerissen, Gott,
ich sehe keine Wegmarke,
habe die Richtung verloren.

Das Wegkreuz soll die Richtung weisen?
Es hat meinen Weg unterbrochen.
Ihn zerbrochen.

Musik etwas lauter, 20 sec, dann leiser

Wo bin ich, wenn ich nicht mehr da bin?
Was bindet mich, wenn ich keine Verbindung mehr habe?
Wer findet mich,
wenn ich mich verloren habe?
Bist du, Gott, bei mir,
wenn ich gehe,
ohne Richtung, ohne Ziel?
Ich bin auf dem Weg.
Ich suche um zu finden.
Um doch nie anzukommen, nie zu finden.
Vielleicht, ja,
vielleicht wachse ich an dem, was hemmt.
Vielleicht reife ich an dem, was war.
Vielleicht lerne ich an dem, was kommt.
Erkenne, was unwichtig war.
Spüre, was wichtig ist.
Nun, da die Wege abgebrochen wurden,
durch das Unbekannte,
das Leben durchkreuzt.

Musik lauter, 30 sec, dann leiser
Bild: Menschen begegnen sich

Wege, die sich überschneiden.
Wege, die plötzlich unterbrochen sind.
Doch wo ein Weg durchkreuzt wird,
entsteht da nicht ein neuer Weg?
Menschen begegnen sich
auf den Kreuzwegen:
Laufen aneinander vorbei –
oder gehen gemeinsam
ein Stück des neuen Weges.

Einsamkeit und Traurigkeit
prägten meine Zeiten.
Gebeugt vom Schicksal.
Gedrückt vom schweren Schlag.
Den Blick nach unten gesenkt.
Da gingen ihnen die Augen auf, heißt es.
Etwas Neues könnte begonnen haben,
wo ich es nicht vermute.
Ich weiß, so wie früher
wird es nie mehr sein.
Doch kann ich
ganz langsam
den gebeugten Kopf
wieder heben.
Wie schwer ist es, mein Gott,
in deinen Zumutungen Leben zu entdecken!
Dort, wo die alten Wege enden,
fängt da ein neuer Weg an?

Musik etwas lauter, 20 sec, dann leiser

In der Erinnerung gehe ich den Weg,
der mich zurückführt,
mich mit denen verbindet,
die gegangen sind.
Mit alten und neuen Landschaften,
alten und neuen Worten,
wiedergefundenen und verlorenen Freunden
versuche ich wieder zu leben.
Ganz langsam füllt sich wieder
der leere Becher
verschütteter Hoffnung.
Ich beginne sie zu erkennen:
Die Spuren auf dem Weg,
wenn ich zurückblicke.
Warst du es, Gott,
der mich getroffen hat auf dem Weg?
Hast du mich nach meiner Trauer gefragt?

Hast du mir zugehört?
In Menschen, die ein Stück des Weges
mitgegangen sind?
Da gingen ihnen die Augen auf.
Die Augen nicht mehr
vor dem Abgrund schließen.
Den Weg suchen –
den Weg,
der uns freigibt,
der uns ins Licht führt.
Und endlos von neuem anfangen.
An den Wegkreuzen unseres Lebens.

10. Besinnung

Gedanken: Wege, die plötzlich geendet haben. Wege die durchkreuzt wurden. Wegkreuze, die eine neue Richtung aufwiesen oder aufweisen können. Menschen, die uns begegnet sind.

Musik

11. Trauerwand

Zettel / Kerzen zur Trauerwand bringen – auf „Rückweg“ Holzstücke und Draht mitnehmen – in Bank zu Kreuz zusammenbauen

Hintergrundmusik

12. Kurzer Text

Kennst du das? Da tauchen die alten Bilder wieder auf, auch wenn du sie nicht gerufen hast. Bilder von Wegen, die wir ein Leben lang gegangen sind, allein oder mit anderen Menschen. Wege, die plötzlich ein Ende fanden, die durchkreuzt wurden. Die aber in neue, unbekannte Wege mündeten. Du siehst, wie der Weg begann, wie alles begann, du siehst die Menschen von damals, ihre Gesichter, ihren Blick, ihre Gebärden, du siehst, was sie tun. Du hörst ihre Stimmen, ihre Worte, du hörst, was sie sagen – und spürst, wie sie dich zurückholen in die alte Zeit, in die doch kein Weg mehr zurückführt. Du gehst durch alte Räume, stehst auf alten Plätzen, hörst dein Lied aus alter Zeit und fühlst, wie all das, was war, dir wieder nahe kommt als gäbe es kein Entrinnen. Doch das Leben, dein Leben, fordert dich auf, den Weg weiterzugehen, nach vorne

zu gehen. Schritt für Schritt. Nicht den Weg des Nachbarn, der so viel leichter zu sein scheint. Da ist das Leben unerbittlich: Dein Weg – das ist der Weg, den nur du gehen kannst.
(Quelle unbekannt)

13. Vaterunser

14. Lied: Ich möchte, dass einer mit mir geht

15. Einladung/Hinweise

16. Segenstext
Gott segne deinen Weg
Die sicheren und die tastenden Schritte
Die einsamen und die begleiteten
Die großen und die kleinen
(Die hoffnungsvollen und die verzweifelten
Die geraden und die durchkreuzten)

Gott segne dich auf deinem Weg
Mit Atem über die nächste Biegung hinaus
Mit unermüdlicher Hoffnung,
die vom Ziel singt, das sie nicht sieht
Mit dem Mut, stehen zu bleiben (zur Erinnerung)
Mit der Kraft weiterzugehen
(Mit der Zusage, in Zweifeln doch irgendwann
Klarheit zu finden)

Gottes Segen umhülle dich auf deinem Weg
Wie ein bergendes Zelt
Gottes Segen nähre dich auf deinem Weg
Wie das Brot und der Wein
Gottes Segen leuchte dir auf deinem Weg
Wie das Feuer in der Nacht

Geh im Segen
Und gesegnet bist du Segen
Bist du Segen

Wirst du Segen
Bist du Segen
Wohin dich der Weg auch führt

So segne uns alle
Gott, der Vater, der Sohn, der heilige Geist.
Amen
(Katja Süß, in: Martin Schmeisser (Hrsg.), Gesegnetes Leben, Verlag am Eschbach der Schwabenverlag AG, Eschbach [5]2004)

17. Lied: Herr, wir bitte: Komm und segne uns

18. Instrumental

„So trage ich die Blüten deines Lebens weiter fort"
– Andacht im Frühjahr / April –

Gestaltungselemente
- Zweig in Vase in der Mitte des Altarraumes als Dekoration
- Lilie, Rose, Sonnenblume jeweils in einer Vase im Hintergrund bereit halten
- Blätter und Schreibstifte bereit legen
- Teelichter in genügender Anzahl in Körben
- Geschenk: kleines Blumentöpfchen mit Erde und Samenkorn darin

Übersicht
1. Instrumental
2. Gedicht
3. Begrüßung / Einführung
4. Lied: Meine engen Grenzen (Cantate, 3)
5. Märchen I
6. Instrumental
7. Märchen II
8. Lied: Freunde, dass der Mandelzweig (Cantate, 270)
9. Meditation
10. Besinnung
11. Trauerwand
12. Text
13. Vaterunser
14. Lied: Kleines Senfkorn Hoffnung (Cantate, 152)
15. Einladung/Hinweise
16. Segenstext
17. Instrumental

Ablauf mit Texten

1. Instrumental

2. Gedicht

Eine schwarze Taube ist die Nacht.
Ich denk so sanft an dich.
Ich weiß, dein Herz ist still,
mein Name steht auf seinem Saum.

Die Leiden, die dir gehörten,
kommen zu mir.
Die Seligkeiten, die sich suchen,
sammele ich unberührt

So trage ich die Blüten deines Lebens
weiter fort

Musik 30 sec

So trage ich die Blüten deines Lebens
weiter fort.
Und möchte doch mit dir stille stehn;
zwei Zeiger auf dem Zifferblatt

In deiner Schläfe
starb ein Paradies.

Mögen sich die Traurigen
die Sonne in den Tag malen.
Im schwarzen Wolkenkelche
ruht die Morgenknospe

So trage ich die Blüten deines Lebens
weiter fort.
Ich denk so sanft an dich
(Else Lasker-Schüler, Werke und Briefe. Band 1: Gedichte,
© Jüdischer Verlag 1996)

Musik – 30 sec

3. Begrüßung / Einführung

Sich Zeit nehmen. Gedanken, Erinnerungen, Gefühle zulassen. Der Trauer einen Raum geben. „So trage ich die Blüten deines Lebens weiter fort“, haben wir als Thema für heute aus dem eben gehörten Gedicht von Else Lasker-Schüler gewählt. Darin steckt der Gedanke, dass mit dem Tod eines Menschen dieser Mensch nicht einfach verschwunden ist, sondern dass vieles von ihm weiterlebt – anders weiterlebt. Dass dieser Mensch in anderen Menschen und in uns selbst etwas bewirkt hat, das irgendwann zum Blühen kommt. Ein Gedanke, der schwer fällt in Momenten, in denen alles so dunkel ist, dass wir manchmal nicht einmal die Sonne, die scheint, wahrnehmen können.

4. Lied: Meine engen Grenzen

5. Märchen I Teil

Ein russisches Märchen erzählt, wie sich zur nächtlichen Stunde Blumen hinter dem Fenster der Großmutter unterhalten. Drei Fenster hat das kleine Haus. Und alle drei sind mit Blumen vollgestellt. Tagsüber schauen sie auf die Straße, zeigen den Vorübergehenden ihre grünen Blätter. Aber nachts, wenn alles ruhig ist, dann sprechen die Blumen miteinander. Bis der Morgen kommt.

Eine aber ist still in sich gekehrt. Sie sieht traurig aus. Noch nie hat jemand sie blühen sehen, noch nie hat jemand sie reden hören. Schweigend nur schaut sie durch die Fensterscheiben in die dunklen Augen der Nacht und weint. Aus ihren Blättern rinnen klare Tropfen. Alle sehen es. Die traurige Blume steht neben einer Begonie, und die Begonie bedrückt es, dass ihr Nachbar so schweigsam ist. Und eines Nachts, als es wieder still geworden ist, wendet sich die Begonie an die traurige Blume und fragt, warum sie so traurig ist.

Da antwortet die Blume: „Ich bin traurig, weil ich nicht blühen kann. Denn wenn ich ausgeblüht habe, dann muss ich sterben. Schneidet aber jemand meine Blütenknospen ab, dass sie sich nicht öffnen können zur Blüte, dann kann ich lange leben. Darum wacht die Großmutter darüber, dass sich meine Blütenknospen nicht öffnen und schneidet sie ab. Doch diesmal hat sie eine übersehen. Ich habe sie versteckt, und morgen wird sie blühen.“ Die Begonie wird unruhig und flüstert: „Warum hast du das getan? Dann musst du ja …“

„… Sterben, willst du sagen“, unterbricht die traurige Blume. Der Mond blickt ins Fenster. In seinem Licht können sie alle sehen: Sie strahlt einen inneren Frieden aus.

6. Instrumental

7. Märchen II Teil

„Es ist wahr, ich muss sterben“, sagt die traurige Blume. „Doch vorher werde ich blühen. Und jetzt habe ich etwas, worüber ich mit euch reden kann.“ „Aber du darfst nicht blühen! Wie konntest du nur!“ rufen die anderen Blumen.

„Ich konnte einfach nicht anders. Was ist das für ein Leben, wenn ich nicht blühen darf? Meine Blütenknospen wurden abgeschnitten, und ich habe geweint, weil ich traurig war. Aber morgen werde ich blühen, und meine Blüte wird so schön sein, dass sie in euren Gedanken und Herzen noch lange weiterleben wird.“

Am Morgen, als die Sonne aufgeht, hat die traurige Blume eine Blüte. Großmutter schlägt vor Verwunderung die Hände zusammen. „Du meine Güte, wer hätte das gedacht!“

Die traurige Blume sagt nichts. Sie hält ihre rote Blüte wie einen leuchtenden Stern über sich. Alle fünf Blütenblätter brennen wie Feuer, und alle Blumen hinter dem Fenster sind wie geblendet von diesem Anblick. Die traurige Blume aber, die nun strahlt, hat ihre Bestimmung gefunden: Endlich zeigt sich Leben hinter all ihrem Kummer. Ein Leben für einen Augenblick, gewiss, aber der ist unendlich größer ist als alles bisherige und wird in seiner Größe weiterwirken. „Das hätte ich nicht gedacht“, wiederholt Großmutter ein ums andere Mal.

Brüder Bondarenko

Instrumental, 30 sec

8. Lied: Freunde, dass der Mandelzweig

9. Meditation
Zweig steht in der Mitte
Musik 30 sec

Knospen treiben, wo alles tot schien,
Blüten blühen, wo alles kahl war.
Leben regt sich, wo Stille herrschte.
Wärme, wo Kälte,
Sonne, wo Nacht.

Ein endloser Kreislauf.
Fort und fort.
Doch jetzt ist Frühling.
Blühende Zweige als Lebenszeichen.

So trage ich die Blüten deines Lebens weiter fort?
Doch wo soll Blüte sein,
wenn kein Leben mehr ist?
Wie den Frühling aushalten,
wenn der Winter die Freude am Leben raubte?

Wo ist die Blütenfülle des Lebens geblieben,
die auf uns gewartet hat?
Was ist aus den Träumen geworden,
die du uns in die Seele gelegt hast?
Werden wir je leben können,
was wir versäumt haben?

Die kleinen Geschenke des gemeinsamen Lebens
– gut behütete Schätze.
Das große Geschenk meines Lebens
– wertlos geworden.

Musik 30 sec

So stehe ich, Gott, arm vor dir.
Mit leeren Händen,
mit sehnsüchtigem Herzen.
Der Schmerz ist größer noch
als der Trost
Verzweiflung mächtiger
als Hoffnung.

Nur die Bitte bleibt
an dich, mein Gott:
Lass du den Keim wachsen,
der Blüten hervorbringt.

Blüten wie eine weiße Lilie,
die Tod und Leben vereinigt in ihrem Bild.
Ein Hauch der Ahnung nur:
dass Leben größer ist als Tod.

Schenke uns Zeichen wie diese Lilie:
Symbol des Lichts am Ende der Finsternis.

Musik 30 sec
Lilie in Mitte stellen

Die Blüten des Lebens weiter forttragen?
Blüten, die rasch verblühen.
Werden und Vergehen.
Aufblühen und Verdorren.
Wachsen und abgeschnitten werden.
Altes uns Neues – über das Alte hinaus?

Wir brauchen Zeichen in unserem hier Sein.
Dass das Leben weitergeht.
Dass die Liebe weitergeht
über alles, was nur auf Erden besteht

Zeichen des Dankes
für die kostbaren Momente,

die zärtlichen Dialoge,
leise Stimmen im Geschrei
der lauten Verzweiflung,
hoffnungsvolle Nähe
im Schmerz der Einsamkeit.
Wie eine Amsel, deren Lied als Echo
in noch kalter Nacht
den Frühling singt.

Musik 30 sec

Könnte es sein, dass in mir Kräfte liegen,
die noch nicht wieder geweckt sind?
Fähigkeiten, die nach Entwicklung rufen.
Dass in meiner Tiefe ist,
was meinem Leben
Sinn gibt?
Könnte es sein,
dass mir Glaube fehlt und Mut,
freizulegen, was noch da?

Ruhig werden,
entdecken wollen,
wachsen lassen,
sein dürfen.

Lass uns sein wie eine Rose, Gott,
die Blatt um Blatt
sich entfaltet
aus dem Nichts heraus.

Wiedergeboren werden.
Anders geboren werden.
Uns erinnern können.
Und wenigstens ahnen:
Die Liebe ist größer als der Tod.

Musik 30 sec

Rose in Mitte stellen

Blüten des Lebens.
Fortragen? Wie geht das?

Blüten brauchen Licht.
Sehnen sich nach Wärme.
Suchen die Sonne.

Sich nach der Sonne drehen.
Nach dem, was größer ist als alles.
Wie kann ich allein das aufbewahren,
was kostbar war?
Und doch ahne ich:
Meine Toten
Sind lebendig in mir,
mit ihren Gedanken,
mit ihrem Lächeln,
mit ihrem Schweigen.
Sie leben mit dem, was sie gelebt haben,
mit dem, was sie nicht leben konnten

Musik 30 sec

Was vorüber ist,
ist nicht vorüber.
Es wächst weiter
in dir.
Eine Blume aus Wärme,
die sich dem Licht zuwendet,
das sie so lange entbehrt hat.

Das Gesicht heben.
In die Sonne schauen.
Wärme spüren.
Leben atmen.
Blumen wie diese Sonnenblume,
die sich nach der Sonne drehen.

Lass uns sein
wie eine Sonnenblume, Gott,
uns dir zuwenden,
wie ein einziger Wunsch nach Leben
und erspüren, was du uns sagen willst:

Mögst du beweinen,
was du verloren hast,
ohne festzuwachsen
in der Trauer.
Die Erinnerung,
die heut' noch weh tun,
sollst du begreifen als kostbares Geschenk.
Und aus den Tränen der Vergangenheit
sollen neue Blüten dir erwachsen.

Sonnenblume in Mitte stellen
Musik 40 sec

10. Besinnung
Hintergrundmusik

11. Trauerwand
Zettel und Kerzen zur Trauerwand bringen.
Instrumentalmusik

12. Text
Dir zürnen, Gott,
dass du den Menschen hast von uns gehen lassen,
der so unersetzlich ist.

Dir danken Gott,
dass es diesen Menschen gab,
der so nah und kostbar war.

Dir danken, Gott,
für alle Freundschaften,
die von diesem Menschen ausgegangen sind.

Für den Frieden, den er gebracht hat,
für die Liebe, die er verschenkt hat.

Dir zürnen, Gott,
dass dieses Leben vergänglich war
und die gemeinsame Zeitspanne
so vergeudet kurz.

Dich bitten Gott,
dass nichts von diesem Leben verloren gehen mag.

Dich bitten, Gott,
dass noch vieles zu uns spricht,
was einmalig war für uns an diesem Menschen.

Dich bitten Gott, dass Blüten blühen, wo Leere war.
Und wir die Blüten dieses Lebens
weitertragen.

13. Vaterunser

14. Lied: Kleines Senfkorn Hoffnung

15. Einladung/Hinweise

16. Segenstext
Segnender, heilender Gott,
brich meine dunklen Gedanken auf
und wandle die Wunden in spürsames Leben.

Segnender heilender Gott,
löse die Ängste, die mich zu ersticken drohen
und lass mich aufatmen
und befreit befreiend leben.

Segnender, heilender Gott,
komm in den Grund meiner Abwehr

und mach mich fähig,
dein Wohlwollen anzunehmen.

Segnender, heilender Gott,
schaff in mir Erlösung in meiner Not.
Du Licht in meinem Dunkel,
lass Antwort wachsen mitten in Fragen
nach Sinn und Ziel.

Segnender, heilender Gott,
mach meine krummen Wege gerade.
Lass mich am Ende der Umwege
mich selbst und dich finden
und schenk mir ein offenes Herz
für die Menschen.

Segnender, heilender Gott,
ermutige mich
dem Leben zu trauen,
und jetzt und heute aus der Begegnung mit dir zu leben.
Segne uns, du Gott,
der Vater, der Sohn, der heilige Geist. Amen.

(Nach Almut Haneberg, in: Gesegneter Weg, Verlag am Eschbach, Eschbach 1997,

17. Instrumental

„Halte Gott dich fest in seiner Hand"

– Andacht im Frühjahr / Mai –

Gestaltungselemente

- Leinwand
- Dia-Projektor, OVH oder Video-Beamer
- Dias, Folien oder Diskette mit vier Motiven: leere Hände/Fäuste/fassende und loslassende Hände/Hand, die Kerze umfasst (Hinweis: Mit Hilfe einer Digitalkamera lassen sich diese Fotos leicht selber machen; in einer möglichen Nachbearbeitung können sie bewusst auch überstilisiert werden)
- Blätter und Schreibstifte bereit legen
- Teelichter in genügender Anzahl in Körben
- Geschenk: Textkarte mit Handmotiv und Segenstext

Übersicht

1. Instrumental
2. Gedanken
3. Instrumental
4. Begrüßung / Einführung
5. Lied: Herr, dir ist nichts verborgen (Gotteslob, 292)
6. Bibeltexte
7. Instrumental
8. Gebet
9. Lied: Meine Zeit steht in deinen Händen (Erdentöne-Himmelsklang, 121)
10. Bild-Meditation
11. Besinnung
12. Trauerwand
13. Text
14. Vaterunser
15. Lied: Kennst du das alte Lied (Erdentöne-Himmelsklang, 90)
16. Einladung/Hinweise
17. Segenstext
18. Lied: Hoffen wider alle Hoffnung (Erdentöne-Himmelsklang, 88)
19. Instrumental

Ablauf mit Texten

1. Instrumental (30 sec)

2. Gedanken
„Eines Tages hörte der Prophet Jeremias von ferne eine Stimme:
Mach dich auf, Jeremias! Geh hinab zum Haus des Töpfers!
Dort will ich dir sagen, was ich dir zu sagen habe."

Da ging Jeremias hinab zu diesem Haus dieses Töpfers.
Der arbeitete gerade an der Töpferscheibe.
Formte Ton in schnellen Drehungen zu Gefäßen.

Hin und wieder misslang seiner Hand ein Gefäß,
das er gerade in Arbeit hatte.
Und sofort machte er aus dem Ton ein neues,
ein ganz anderes Gefäß, wie es ihm eben gefiel.

Da hörte Jeremias die ferne Stimme erneut.
Doch diesmal war sie ganz nah. So nah, als käme sie
aus ihm selbst:
„Kann ich nicht mit euch verfahren wie dieser Töpfer?
Seht: Wie Ton in der Hand des Töpfers – so seid ihr
in meiner Hand."
(nach Jer 18,1-6)

3. Instrumental

4. Begrüßung
Verzweifeln Bitten Halten Segnen – Hände haben eine ganz eigene Sprache: Gewalt und Zärtlichkeit, Verschlossenheit und Hoffnung. „Halte Gott dich fest in seiner Hand" nennen wir die heutige Andacht. „Hand" hat etwas Doppelbödiges: Zum einen verbinden wir damit Schutz und Geborgenheit. Zum anderen aber auch den Wunsch, dass sie sich nicht zu fest um uns schließen und uns erdrücken möge. Und wir sehn in dieser Hand selbst auch ein Symbol für Gott, auch, wenn wir mit ihm hadern: Ist er nicht der, der zuließ, was nie hätte geschehen dürfen? Manchmal bleibt uns

nur die Flucht in Redensarten und Sprüche. Einer davon lautet: Gott, alles kommt von deiner Hand, du lässt es geschehen. Warum du es machst, das weißt allein du.

5. Lied: Herr, dir ist nichts verborgen

6. Bibeltexte

Gehe ich auch mitten durch große Not: Du erhälst mich am Leben.
Du streckst die Hand aus gegen wütende Bedrohungen.
Deine Rechte hilft mir. Du, Herr nimmst dich meiner an. (Psalm 138,7)
Hast du, Gott, dich meiner angenommen?

Lege dein Schicksal in Gottes Hand, verlass dich auf ihn. (Ps 37,5)
Konnte ich mich auf dich, Gott, verlassen?

Als Petrus aus dem Boot stieg und über das Wasser auf Jesus zugehen wollte,
bekam er plötzlich Angst und begann zu sinken. Und er schrie: Herr, rette mich!
Da streckte Jesus sofort die Hand aus und ergriff ihn. (Mt 14,29 f)
Hast du mir deine Hand gereicht, Gott, als ich dabei war, unter zu gehen?

7. Instrumental (1 min)

8. Gebet

Gott, du umschließt mich von allen Seiten
und legst deine Hand auf mich, (Psalm 139,5).
Du siehst mich, und du kennst mich.

Dann musst du auch sehen, Gott,
dass ich Angst habe,
weil der Tag mich zu erdrücken droht.
Dann siehst du, dass ich mich verstecke,
weil ich mich vor dem Leben fürchte.

Dann siehst du auch,
dass ich allein bin, und davon träume,
dass noch Leben vor mir liegt.

Dann möchte ich gerne glauben,
dass du mich wie in zwei großen Händen hälst.
Und ich darin geborgen bin wie ein Vogel im Nest.

Doch manchmal scheint mir,
ich bin darin gefangen wie ein Vogel im Käfig.
Manchmal ist mir unheimlich vor deiner großen Hand,
in der ich gefangen bin.

Dann möchte ich deiner Hand entrinnen,
diesem Leben entrinnen,
das ich mir selber so nicht ausgesucht habe.

Aber eines weiß ich, und das bleibt:
Wo immer ich auch bin, wohin immer auch ich gehe:
Ich begegne doch dir und bin – gefangen oder geborgen,
ausgeliefert oder geschützt –
in deinen Händen.

9. Lied: Meine Zeit liegt in deinen Händen

10. Meditation

Bild: leere Hände – verzweifelte Hände

Ich steh vor dir mit leeren Händen, Herr,
am Ende eines Weges,
der einst hoffnungsvoll begann.
Leer und verzweifelt strecken sich meine Hände dir entgegen,
sehnen sich nach dem Leben,
das ihnen entflohen ist,
wie ein Traum am Ende der Nacht.

Leere, verzweifelte Hände,
die sich zurücksehnen nach der Fülle des Lebens.

Einst war alles jung und grün,
alles blühte, es roch nach Frühling.
Wie schnell war es verflogen,
wie ein Trugbild der Nacht, ehe der Morgen graute.

Ich rufe bei Tag – und finde keine Antwort.
Ich rufe bei Nach und finde keine Ruhe mehr.

Hände, die leer sind und verzweifelt,
weil nichts mehr da ist, was früher noch galt.

Entrissen ist ihnen, was so wertvoll war.
Ins Leere geht ihre Suche nach jenem,
was diesem Leben Sinn gab.

Verbirg dich nicht vor dem Verzweifelten,
gib ihm keinen Anlass, dich zu verfluchen.
Dem Zweifelnden raub' nicht den letzen Grund
zu glauben.

Musik, 30 sec
Bild: Fäuste

Das Entrissene zurückhaben wollen.
Trotzig und voll Wut das verteidigen,
was nur noch Erinnerung ist.
Nicht wahrhaben können, was geschah.
Den, der es genommen hat, abwehren,
und Ohnmacht spüren,
da der Zorn ins Leere geht.

Fäuste, die sich ballen,
sich wehren gegen das,
was man Schicksal nennt.

Wenn die Nacht in mir anbricht, Herr,
dann sei nicht fern.
Wenn mein Zorn auf dich groß wird, Gott,
dann sieh die Faust, die ich gegen dich errichte,
dann höre meine Wut, die ich dir entgegen schreie.

Was bleibt uns Menschen,
wenn deine Faust uns umschließt,
wenn du uns zu erdrücken drohst,
in deiner Hand,
die für gewöhnlich huldvoll heißt?

Du umschließt mich von allen Seiten?
Du legst deine Hand auf mich?
Du raubst mir die Luft zum Atmen?
Du zwingst mich, dich abzuwehren?
Warum, Gott?

Musik
Bild: Hände, die fassen oder loslassen

Hände, die festhalten oder loslassen?
Hände, die ergreifen oder verlieren?

Wie lange habe ich mich geklammert
an den Strohhalm Hoffnung,
wie lange festgehalten
an der Vergangenheit,
der Erinnerung?

Indem ich ergriffen habe –
habe ich da nicht erst verloren?
Als ich festhalten wollte,
hätte ich da nicht loslassen müssen?
Loslassen, was mich selbst festgehalten hat.
Ergreifen, durch was ich loslassen kann
und frei werden zu Neuem.

Immer wieder,
haltlos,
suche ich etwas zum Festhalten,
suche die Berührung mit dem Leben, mit den Dingen,
mit einem Menschen, mit dir, Gott.

Tag für Tag richte ich mich aus an dir.
Über dem Abgrund des Lebens
halte ich mich fest an dir.

Sagtest du nicht:
Fürchte dich nicht, denn ich bin mit dir.
Ich halte dich mit meiner hilfreichen Rechten...,
denn ich bin der Herr, dein Gott,
der deine rechte Hand ergreift. (Jes.41,10)
Meine Kehle hat sich wund geschrien,
Mein Ohr hat aufgehört, eine Antwort zu erzwingen.
Ich lasse mich von dir an der Hand nehmen,
suche meinen Weg, meinen Auftrag.

Zwischen dem, was war
und dem was ist.

Musik, 30 sec
Bild: Kerze in Hand

Eine Kerze in Händen.
Licht wie ein Segen.

Wie meine schützende Hand
in der Zugluft vor der Kerze,
so schütze deine Hand, Gott,
das Flämmchen Hoffnung in mir,
das ich selbst zugelassen habe:
durch die, die mir neu begegnen,
durch die, die mir zeigen, dass ich lebe,
durch die, die mir einen Blick eröffnet haben.

Ich kann nicht tiefer fallen als in deine Hand, Gott.
Und dieses Fallen hälst du sanft.
In diese Hände mein Schicksal legen.
Zusage gegen Angst eintauschen.
Vertrauen und Hoffnung schöpfen.

Die offene Hand spüren.
Mich auf dich wieder verlassen wollen.
Die offene Hand spüren.
Vergangenes akzeptieren als Teil meines Lebens.

Ablegen, was mich erdrückt.
Übergeben, was ich nicht lösen kann.
Frei werden von dem, was mich herabzieht.

Ahnen, dass jedes Geschöpf
mit einem anderen verbunden ist,
und jedes Wesen durch ein anderes gehalten.

Und vielleicht einst wieder staunen können
wie ein Kind, das an der Hand der Mutter
durchs Leben geht.

Musik 1 min

11. Besinnung
Erläuterung: Gedanken / Notizen,
anschließend Meditationsmusik

12. Trauerwand
Erläuterung: Zettel / Kerzen nach vorne bringen,
anschließend Instrumentalmusik

13. Kurzer Text
Gib dich in Gottes Hand
von Zeit zu Zeit.
Lass Herz und Seele ruhen
von Zeit zu Zeit.

Hör auf zu rennen
gegen unerfüllte Wünsche
und Trugbilder
von Zeit zu Zeit

Gib dich in Gottes Hand
von Zeit zu Zeit.
Versuch, deine Träume ruhen zu lassen.
Gib dich Preis,
Leib und Seele
von Zeit zu Zeit,
ohne Rückhalt,
endgültig
gib dich in Gottes Hand.
(Nach Helder Camara, © Pendo-Verlag GmbH, Starnberg)

14. Vaterunser

15. Lied: Kennst du das alte Lied

16. Einladung / Hinweise

17. Segenstext
Guter Gott,
meinen Willen lasse ich dir,
da, wo ich mich zur Wehr setze gegen das,
was ich nicht mehr ändern kann.
Leite mich und zeige mir deinen Willen.

Meine Gedanken schenke ich dir.
Ich glaube nicht mehr alles verstehen zu müssen,
was geschehen ist:
dieses ganze Leben, all die Menschen.
Hilf mir, mit deinen Gedanken weiterzuleben.

Meine Pläne überlasse ich dir.
Ich glaube nicht mehr, dass ich einen Sinn finde
in dem, was ich alles plante und was doch nicht eintrat.

Ich vertraue mich dir an,
denn du allein kennst mich vom Mutterleib an.

Die Angst vor der Übermacht des Tages lasse ich dir.
Du selbst warst wehrlos und unter Wehrlosen.
Du selbst machtest klar, auf welcher Seite du stehst.
Du hast zugesagt, da zu sein, wenn niemand da ist.
Das will ich glauben. Und dir vertrauen.

Alle Fragen, alle Hoffnungen
lasse ich dir.
Ich lasse mich dir allein, Gott.
Und lasse mich fallen –
in deine Hand.
Segne du uns, Gott.
Du, der Vater, der Sohn, der Heilige Geist, Amen.

18. Lied: Hoffen wider alle Hoffnung

19. Instrumental

„Ich wollte dir noch viele Liebesworte sagen"
– Andacht im Frühsommer / Juni

Gestaltungselemente

- Große, weiße, stabile Fläche (Pappe o.ä.) im Altarraum als Dekoration
- Großes rotes Herz aus festem Karton, in drei „Puzzle-Teile" geschnitten
- Pin-Nadeln zur Befestigung der Herz-Teile
- Vase mit roter Rose
- Blätter und Schreibstifte bereit legen
- Teelichter in genügender Anzahl in Körben
- Geschenk: eine kleine rote Rose

Übersicht

1. Eröffnungstext
2. Instrumental
3. Begrüßung und Einführung
4. Lied: Meine engen Grenzen, 1-2 (Cantate, 3)
5. Gebet
6. Meine engen Grenzen, 3-4 (Cantate, 3)
7. Instrumental
8. Märchen
9. Instrumental
10. Lied: Gib mir deine Hand (Cantate, 272)
11. Meditation
12. Besinnung
13. Trauerwand
14. Kurzer Text
15. Vaterunser
16. Lied: Komm, lass diese Nacht nicht enden (Cantate, 214)
17. Einladung und Hinweise:
18. Segenstext
19. Lied: Diesen Tag, Herr leg' ich zurück (Erdentöne-Himmelsklang, 114)
20. Instrumental

Ablauf mit Texten

1. Eröffnungstext
Ich wollte dir immerzu
viele Liebesworte sagen.
Nun suche ich ruhlos
nach verlornen Wundern.

Deine süßen Augen
waren meine Lieblingsblumen,
und dein Herz mein Himmelreich...
Ich darf nicht mehr hineinschauen.

Sterne streuen Nacht
in meine vergossnen Tränen.
Immer kommen am Morgen
schmerzliche Fragen

Ich wollte Dir immerzu
viele Liebesworte sagen:

Warum tat ich es nicht?
(nach: Else Lasker-Schüler, Werke und Briefe. Bd. 1 Gedichte,
© Jüdischer Verlag 1996)

2. Instrumental

3. Begrüßung / Einführung
Bilder und Gedanken, die hochsteigen, Gefühle, die wach, Selbstvorwürfe, die laut werden: „Ich wollte dir noch viele Liebesworte sagen", mit diesem Gedanken greifen wir im heutigen ‚Raum für Trauer' etwas auf, das viele trauernde Menschen häufig nicht mehr loslässt: „Wir hätten noch so viel vorgehabt." „Ich wollte ihr dies noch sagen, jetzt ist es zu spät." „Wieso habe ich so viele Chancen verstreichen lassen?" Manchmal flackert dabei ganz leicht, unbewusst vielleicht, auf, doch manches geäußert zu haben, was der verstorbene Mensch als Wertschätzung wahrgenommen haben könnte. Was bleibt, ist die Hoffnung, dass aus

allem Ungeklärten sich am Ende doch etwas rundes Ganzes ergibt. In einem Gebet heißt es: „Was offen geblieben ist zwischen uns, das schließe du, Gott, mit deinem Segen."

4. Lied: Meine engen Grenzen, 1-2

5. Gebet

Mein Gott,
allein zurückzubleiben
nach so vielen Jahren
geteilter Freuden,
geteilter Nöte
geteilter Hoffnungen,
geteilten Lebens
ist grausam.
Mein Herz will es nicht begreifen,
dass der Tod
uns, die wir zusammengehörten
auseinander riss.
Einem waidwunden Tier
bin ich gleich,
das keine Zuflucht findet.
In unermessliche Tiefen
falle ich.
Fang mich auf, Gott,
fang mich auf!

6. Meine engen Grenzen, 3-4

7. Instrumental

8. Märchen

Es war einmal ein Schloss mitten in einem großen dichten Wald. In diesem Schloss wohnte ein Zauberer. Er konnte die Vögel herbeilocken, dann nahm er sie gefangen. Wenn ein Fremder auf hundert Schritte dem Schloss nahe kam, so konnte er sich nicht mehr von der Stelle bewegen, bis der Zauberer ihn los sprach.

Da war ein junger Mann. Der hatte sich seiner Geliebten versprochen. Beide waren sich in Liebe eng verbunden. Eines Tages hatte der Zauberer aber den Mann in einen Vogel verwandelt und in einen Käfig gesperrt. Die junge Frau, die ihren Bräutigam so liebte, ihn aber nicht mehr finden konnte, machte sich auf die Suche nach ihm. Sie kam vor das Schloss und spürte schon, dass ihr Geliebter dort eingesperrt sein muss. Sie konnte aber nicht weitergehen. Da ging sie fort und kam in ein Dorf, in dem sie lange Zeit Schafe hütete. Oft schlich sie traurig um das Schloss herum, wusste aber nicht, wie sie ihm näher kommen konnte.

Eines Nachts träumte die Frau, sie fände eine blutrote Blume, in deren Mitte eine schöne Perle war. Sie ging mit dieser Blume zum Schloss – und alles, was sie mit ihr berührte, wurde vom Zauber befreit. Sie träumte auch, dass sie dadurch wieder ihren Geliebten bekommen würde. Des Morgens, als sie erwachte, fing sie an, in Berg und Tal nach solch einer Blume zu suchen. Sie suchte bis an den neunten Tag, da fand sie die blutrote Blume frühmorgens. In der Mitte war ein großer Tautropfen, so groß wie die schönste Perle.

Diese Blume trug sie zum Schloss. Durch sie gestärkt, musste sie vor dem Schloss nicht erstarren, sondern konnte festen Schrittes bis zum Tor gehen. Sie berührte mit der roten Blume das Tor, und sogleich sprang es auf. Von weitem schon hörte sie die vielen gefangenen Vögel ihr Lied singen und kam bis in einen Saal voller Käfige, in dem der Zauberer saß. Der konnte ihr aber nichts anhaben. Im Zwitschern eines Vogels hörte die Frau die Stimme ihres Geliebten und berührte sogleich mit der Blume den Käfig. Da verwandelte sich der Geliebte in den Bräutigam zurück und die Frau umarmte in herzlich. Der Zauberer aber hatte seine Macht verloren.

(nach Gebrüder Grimm)

9. Instrumental

10. Lied: Gib mir deine Hand

11. Meditation

Weiße Fläche senkrecht im Vordergrund, „Herzteile“ und Rose im Hintergrund

Musik 30 sec

Folge ich dem Herzen?
Weiß meine Hand, wohin ich geh?
Warum erst leben, um dann zu sterben?
Ich weiß nicht, ob ich das je versteh.
Wo komm ich her?
Wo geh ich hin?
Sagt, wozu? Sagt, woher?
Sagt wohin? Worin liegt der Sinn?

(Textteil aus dem Musical Hair)

Nächte bedrohen uns,
Ängste lähmen uns,
Zweifel zernagen uns,
Vorwürfe quälen uns.

Wie viele Augenblick ließ ich verstreichen?
Bin deinem Blick ausgewichen?
Hab deine Stimme nicht wahrgenommen?
Und beharrlich manch Geste nicht beachtet?
Wie unnütz war mancher Streit um nichts?
So selbstverständlich nahm ich hin, dass du da warst?

Was wissen wir schon von unseren Liebsten?
Die Menschen gehen fort,
da gibt es keine Rückkehr.
Ihre geheimen Welten können nicht wiederentstehen.
Und jedes Mal möchte ich von neuem
diese Unwiederbringlichkeit hinausschreien.

Ratlos irre ich umher.
Traurig und voller Zweifel.
Gelähmt fühle ich mich -
vor der uneinnehmbaren Festung
aus Trauer und Selbstzweifeln.

Ich kann die Schwelle zum abgesperrten Schloss nicht überwinden.
War dies schon das Leben?
Dabei wollte ich dir noch viele Liebesworte sagen?
Ich tat es nicht – warum?
Mein Gott!

Musik etwas lauter – ca. 30 sec
1. Herzteil wird an Fläche gepinnt
Dann Musik leiser im Hintergrund weiter

Wie groß ist mein Verlangen
getröstet zu werden.
Niemand ist da,
der meine Hand hält,
an dessen Brust ich mich flüchten,
in dessen Arme ich mich bergen kann.
Bei dem ich weinen darf,
der mir Trost zuspricht.
Zwar habe ich gelernt,
dass Gott mir Zuflucht sein will,
doch ist es nur ein Wissen des Verstandes.
Mein Herz mag es nicht zu stillen:
Die Nähe eines Gottes zu erfahren
wie die Nähe des geliebten Menschen?

Wie hart ist der Kampf,
wie aussichtslos fast,
den Sinn zu sehen in dem,
was keinen Sinn macht,
das Leben neu zu erahnen
in Zeiten des Todes und der Trauer?

Wie mühsam ist die Suche
nach dem, was hoffen lässt?
Wie zäh das Ringen um Erkenntnis
über das was geschehen ist
– geschah?

Du kannst das zerrissene Band
wieder zusammenknoten.
Wohl aber ist es zerrissen.
Vielleicht begegnen wir uns erneut.
Doch da, wo wir uns trennten,
treffen wir uns nicht wieder.

Neu empfinden lernen
und sehen –
das ist ein schwerer Kampf.
Die Suche nach der Blume,
die das Herz heilen kann
– ein mühsamer Weg.

Ich wollte dir noch viele Liebesworte sagen?
Ich tat es damals nicht.
Was kann ich jetzt tun?

Musik etwas lauter – ca. 30 sec,
2. Herzteil wird an Fläche gepinnt
Dann Musik leiser im Hintergrund weiter

Vergesst es nicht!
Wir reisten gemeinsam,
bestiegen Berge,
pflückten Himbeeren,
ließen uns tragen von den vier Winden.

Vergesst es nicht!
Es war unsere gemeinsame Welt,
die ungeteilte,
auch die geteilte,
die uns aufblühen ließ,
diese zerrissene, ungeteilte Erde,
auf der wir gemeinsam reisten
(nach Rose Ausländer)

Ich denke an die Augenblicke,
die wertvoll waren,
Augenblicke, die bleiben
Und langsam ahne ich:
dunkle, ungelöste Momente
könnten ihren Zauber, ihre Macht verlieren.

Dinge, die offen geblieben sind,
annehmen können.
Gesten die nicht erkannt wurden,
endlich wahrnehmen und wirken lassen -
auch über den vergangenen Augenblick hinaus.

Wie eine schöne Blume,
die den Bann durchbricht,
der durch die finstere Mauer des Todes
entstanden war.

Vase mit roter Rose wird vor Fläche gestellt

Offen sein!
Nicht traurig und nicht bitter.
Ganz ohne Vorwurf
still warten.
Bereit sein für die Stunde,
da Neues kommt.

Lass deine Tränen fließen.
Schrei mit deiner ganzen Lebenskraft!
Du bist wie du bist –
gerade mit deinen Brüchen.
Nimm dir Zeit soviel du brauchst.
Nimm dich an mit Grenzen und mit Ängsten.

Und wisse:
Dass sich alles wandelt.
Doch dass du neu beginnen kannst
mit dem letzten Atemzug.

Was geschehen ist, ist geschehen.
Und das Wasser, das du in den Wein gegossen,
kannst du nicht mehr herausschütten.
Aber alles wandelt sich.
Und neu beginnen
kannst du mit dem letzten Atemzug.

Lass die Beziehung neu erwachsen,
dann ist der Bann gebrochen
und der Zauber ist zerstört.
Den Menschen, den du liebtest,
neu umarmen,
anders umarmen.
In neuen Gewändern
das Leben bejahen. – Unter anderen Vorzeichen
die Augenblicke dieses Lebens nutzen.
Liebesworte neu sagen lernen,
und Gottes heilenden Segen
über allem Ungelösten spüren.

3. Herzteil wird an Fläche gepinnt
Musik noch ca. 50 sec weiter, dann Ende

12. Besinnung
Hintergrundmusik

13. Trauerwand
Zettel / Kerzen zur Trauerwand bringen
Hintergrundmusik

14. Kurzer Text
Es wird ein großer Stern
In meinen Schoß fallen...
Wir wollen uns versöhnen die Nacht
So viel Gott strömt über

Ich liebe dich
Und finde dich

Selbst wenn der Tag
Ganz dunkel wird.
Grenzt nicht mein Herz an deins?

Wir wollen uns versöhnen die Nacht
Denn wer geliebt wird, stirbt nicht.
Es wird ein großer Stern
In meinen Schoß fallen.
(nach: Else Lasker-Schüler, Werke und Briefe, Bd. 1 Gedichte,
© Jüdischer Verlag 1996)

15. Vaterunser

16. Lied: Komm, lass diese Nacht

17. Einladung/Hinweise

18. Segenstext
Soviel Verfinsterung auf dieser Welt, mein Gott,
mehr oft, als zu ertragen in unserem Vermögen steht.
Nachtwanderer sind wir,
gefährdet allemal, der Dunkelheit uns ganz zu übereignen,
nicht mehr zu gewahren die tröstlichen Zeichen um uns her.

Doch dürfen wir's verschweigen?
Die Nacht ist voller Sterne,
und aus dem grauesten Asphalt
wachsen kleine Blumen
wo niemand es vermutet.
Geschieht's nicht mitten im Finstern,
dass ein Unglücklicher ein verstehendes Herz findet?
Ein leidgeprüfter einwilligt in sein Geschick?
Dass Schuld und Versäumnis Verzeihen empfangen?

Verhalten noch streift uns der Widerschein des Ewigen,
doch stark genug, uns heimzuleuchten,
die nachtwunde Seele zu trösten.
Nur einen Spaltbreit öffne uns die Tiefe,

dass uns zu Herzen dringe,
was unsre Dunkelheit erhellt
und wir getroster weitergehen.

Nur einen Hauch weit
berühre uns mit deinem Segen,
dass uns die Seele heiler werde
und wir gestärkt weitergehen können
im Wissen, dass nichts und niemand für dich verloren
sondern in Ewigkeit ist.
Segne uns, Gott, du, der Vater, der Sohn und der heilige Geist.
(Nach: Sabine Naegeli: Die Nacht ist voller Sterne, Verlag Herder, Freiburg i. Breisgau 1987)

19. Lied: Diesen Tag, Herr leg' ich zurück

20. Instrumental

„Manchmal, ganz leise, ein Gefühl von Dankbarkeit"
– Andacht im Spätsommer / September –

Gestaltungselemente

- Große Truhe oder ähnlicher Gegenstand
- Symbolgegenstände in Truhe: großen Schlüssel (evtl. aus Pappe gebastelt) / Fotoalbum / leerer Bilderrahmen / Blume in Vase
- Blätter und Schreibstifte bereit legen
- Teelichter in genügender Anzahl in Körben
- Geschenk: kleine Pappschachtel als Truhe gestaltet mit Aufschrift: Schatztruhe

Übersicht

1. Kurze Erzählung
2. Lied: Aus der Tiefe rufe ich zu dir (Erdentöne-Himmelsklang, 195)
3. Begrüßung / Einführung
4. Lied: Suchen und fragen (Erdentöne-Himmelsklang, 152)
5. Gebet
6. Instrumental
7. Bibeltext
8. Instrumental
9. Meditation mit Symbolen
10. Besinnung
11. Trauerwand
12. Kurzer Text
13. Vaterunser
14. Lied: Hoffen wider alle Hoffnung (Cantate, 266)
15. Einladung/Hinweise
16. Segenstext
17. Lied: Von guten Mächten (Cantate 326)
18. Instrumentalmusik

Ablauf mit Texten

1. Kurze Erzählung
Heuer im Sommer sagte mir meine Mutter plötzlich:
Nein, wünscht mir keinen anderen Winter mehr,
ich bin zu lang hier, viel zu lang,
schau …

Sie blickte schüchtern
aufs Foto meines Vaters an der Wand
und begann schweigend
die Namen der Verstorbenen
in ihrem Adressbuch zu streichen

Der Herbst entfaltet sich unterm Himmelblau
zum Abschied.
Jetzt erst begreifen wir das Glück
der bitteren schönen langen Jahre.
(Ludvik Kundera, in: Denn sie werden getröstet werden, Kösel Verlag, München 1993, S. 18)

2. Lied: Aus der Tiefe rufe ich zu dir

3. Begrüßung und Einführung
„Wenn ich sprachlos bin, gib du mir die Stimme. Wenn ich liebe, glüht keine Glut, hol du mich aus dem Tod." So haben wir eben in dem Lied gehört. Und es mag wohl die Gefühle, die Stimmung von vielen unter Ihnen treffend wiedergeben, heute Abend, in diesem Raum für Trauer. Vielleicht fällt es Ihnen schwer, inmitten von Traurigkeit, dunklen Gedanken und eventuell auch Selbstvorwürfen anderes zuzulassen. Manch schöne Erinnerung zum Beispiel. Dankbarkeit – für die Zeiten, die einem doch niemand nehmen kann. „Manchmal, ganz leise und verborgen, ein Gefühl von Dankbarkeit", haben wir unsere heutige Abschiedsfeier genannt. Etwas, das einem vielleicht Proviant sein kann auf dem Weg mit all seinen Fragen, der nach wie vor einem liegt.

4. Lied: Suchen und fragen

5. Gebet
Gott, du bist da und nimmst Menschen an der Hand.
Ihr Danken nimmst du auf und hälst sie fest.

Die Botschaft hören viele wohl -
und suchen in Ängsten und Enge deine Augen,
in Tränen und in Trauer deine Nähe,
in Resignation und Nacht deine Wärme.
Und können doch nichts finden,
so fern bist du ihnen.
Ein Gott der Höhen,
aber nicht der Niederungen.

Trotzdem spüren Menschen manchmal
– vielleicht –
wenn es gar nicht mehr weitergeht,
da ist etwas, das trägt und hält,
so dass sie doch nicht ganz
ins Bodenlose fallen müssen.
Ein Hauch von dem, was sie erhoffen
und von dem, was sein kann, irgendwann.
Ein Hauch von neuem Leben
und Dankbarkeit für das, was war.

Herr, bleibe bei uns.

6. Instrumental (kurz)

7. Bibeltext
Bei Gott allein kommt meine Seele zur Ruhe.
Von ihm kommt mir Hilfe.
Gott ist mein schützender Fels, meine Zuflucht.
Vertrau ihm zu jeder Zeit!

Mich umfingen die Fesseln des Todes,
mich befielen die Ängste der Unterwelt,

mich trafen Bedrängnis und Kummer.
Da rief ich zum Herrn: „Herr, rette mein Leben!“

Ich war in Not, und er brachte mir Hilfe.
Komm wieder zur Ruhe, mein Herz!
Denn der Herr hat dir Gutes getan.
Ja, du hast mein Leben dem Tod entrissen,
meine Tränen getrocknet, meinen Fuß bewahrt vor dem Stürzen.
Ich will dir danken, Herr, denn du hast mich erhört.
(Psalm 116)

8. Instrumental

9. Meditation mit Symbolen

Truhe im Vordergrund, Symbolgegenstände in Truhe

Erinnern und trauern. Trauern und danken.
Für das, was war. Und für das, was kommt?
Die Vergangenheit als Truhe des Lebens sehen,
aus der heraus vieles in die Gegenwart reicht und
die Zukunft berührt.
Erinnern und trauern, Ja, aber danken inmitten der
Traurigkeit?

Musik – 20-30 sec, dann im Hintergrund leise weiter
Schlüssel aus Truhe holen

Ein Schlüssel, der Dinge verschließt
wie er meine Erinnerungen verschlossen hat.
Schwer fiel es mir zunächst, mich zu erinnern
an Ereignisse, an Momente, ob schöne oder traurige.
Wie durch einen Nebel nahm ich die Welt wahr,
unschlüssig, wie mein nächster Tag aussehen könnte.
Angst hatte ich davor, einfach zu vergessen.
Was konnte ich tun, um die Erinnerungen zurückzuholen,
die mir so wichtig waren?

Herr,
die Räume des Todes sind kalt und fremd
und sie zwingen mich, zu bleiben und hineinzusehen.
Das Geheimnis ist unerträglich groß.
Die Schleier lüften sich nicht.
Könnte ich die Augen schließen, einen Wimpernschlag lang,
um mich auszuruhen,
eine Nacht lang, um mich den Träumen zu öffnen,
eine Ewigkeit lang, um wieder sehen zu können.
Gott, hilf mir, nicht davon zu laufen.
Wo ist der Schlüssel, der mich meine Gefühle wieder öffnenlässt?

Musik – 20-30 sec, dann im Hintergrund leise weiter
Album aus Truhe holen

Ein Album mit Fotos. Sie zeigen Vergangenes.
– Vergangenes, das doch Teil meines Lebens bleiben wird.
Das wurde mir irgendwann wieder bewusst.
Da ließ der schwere Schock nach.
Die Erinnerungen kamen zurück. Zaghaft, langsam.
In unmöglichen Momenten.
Oft begleitete sie ein schmerzhafter Stich mitten ins Herz
– ausgelöst durch Worte, durch Begegnungen und Erlebnisse,
die mich zurückversetzten in die Zeit, die auf diesen Bildern
festgehalten ist.
Sie waren manchmal eine Qual.
Zeigten mir, wie schön es hätte sein können, wenn ...

Herr, den leeren Platz wirst du nicht besetzen
und die Lücke meines Lebens wirst du nicht schließen.
Lass mich in der Leere deine Unendlichkeit ahnen
und an der Lücke beharrlich nach dir fragen.

Noch quält Altes mein Herz.
Lindere du, Gott,
den Schmerz in meiner aufgescheuchten Seele.

Musik – 20-30 sec, dann im Hintergrund leise weiter
Schirm aus Truhe holen

Ein Schirm, der Schutz gibt vor Regen oder vor Sonne,
Schutz vor der Wirklichkeit um mich herum?
Bald ergaben diese einzelnen Bilder ein ganzes Bild
– aber was für eines: ein Gefühl der inneren Nähe,
so klar, als ob ich nur die Hand ausstrecken müsste,
um den geliebten Menschen zurück zu holen
ins Leben hier uns jetzt.
Und doch blieb zugleich das volle Wissen um den Tod.
Diese Wucht der Erinnerung war überwältigend.
Was war Alltag, was war Wirklichkeit?
Was war Traum? Wo konnte ich mich schützend hinwenden,
um nicht das Gleichgewicht zu verlieren?

Herr, du machst jeden Tag neu,
doch ich sehne mich nach dem Alten.
Du lockst mich mit überraschenden Möglichkeiten,
doch ich hänge an meinem vertrauten Glück.
Du zwingst mich in die Verwandlung,
doch ich möchte das Unveränderliche.
Ich zog Grenzen zwischen diesseits und jenseits.
Ich wusste nicht, dass du, Ewiger,
die Linien vollkommen anders ziehst.
Mit deinem Schirm und Schutz hilf mir,
den Blick wieder zu bekommen für das,
was war und was sein wird – als Schritt zurück ins Leben.

Musik – 20-30 sec, dann im Hintergrund leise weiter
Rahmen aus Truhe holen

Ein Rahmen ohne Inhalt.
Für etwas, das noch nicht fest ist,
sondern erst gebildet werden muss.
Irgendwann begriff ich.
Irgendwann begann das Loslassen-Können,
gegenseitig loslassen können,

losgelassen, aber nicht verlassen.
Irgendwann konnte ich begreifen, was es heißt:
Zurückschauen ohne stehen zu bleiben,
gemeinsam Erlebtes nicht mehr als Erinnerungs-Last sehen.

Herr, das ist wie ein Aufwachen, ein Aufatmen.
Einen Moment lang habe ich nur noch den Tod gesehen
und das zu Ende gegangene Leben.
Öffne du, Gott, mein Herz,
dass ich tiefer und weiter schauen,
hinter dem Ende einen Anfang,
ein neues Bild sehen kann,
das dem Leben wieder gerecht wird,
dass ich lerne im Verlust einen Gewinn zu spüren,
im Ende einen Anfang zu erahnen,
verstehen zu können, dass ich im Tod das Leben gewinne.

Musik – 20-30 sec, dann im Hintergrund leise weiter
Blume in Vase aus Truhe holen

Eine Blume, für die Hoffnung auf neues Leben.
Dankbar und froh bin ich heute über all die Erinnerungen.
Sie wieder zuzulassen war schmerzhaft
– denn sie stellten mir den großen Verlust
immer wieder vor Augen.
Aber irgendwann erkannte ich:
Diese Erinnerungen haben in meinem Herzen einen festen Platz.
Sie hindern nicht mein Weiterleben,
sie sind ein ganz persönlicher Schatz geworden.
In ihm lebt der Mensch weiter – mitten in meinem Herzen.

Herr, manchmal machst du mich zu einem Gefäß,
in dem die kostbaren Stücke gesammelt sind.
Du legst sie in mich, fügst sie zu einem Ganzen.
Dann ist es so, als ob du warm und still die Kerzen flammen lässt,
die du in meine Dunkelheit gebracht hast,
und du zeigst mir, dass dein Licht in der Nacht scheint.
Und wenn die Erinnerung manchmal wieder weh tut,

dann lass mich aus dem Schmerz,
aus der Trauer, aus der Angst herausfiltern,
was wir miteinander leben konnten.
Lass mich diese Erinnerungen als Schatz erkennen,
aus dem – manchmal vielleicht nur ganz leise
– einst ein Gefühl von Dankbarkeit wird.

Musik – 20-30 sec, dann Ende

10. Besinnung
kurze Erläuterung
Meditationsmusik während Besinnung (1 min)

11. Trauerwand
Erläuterung: Zettel / Kerzen zur Trauerwand bringen
Instrumentalmusik während Aktion – etwa 40 sec darüber hinaus

12. Kurzer Text
Gedanken zum Dank – von Dietrich Bonhoeffer
Es gibt nichts, was uns die Abwesenheit eines lieben Menschen ersetzen kann, und man soll das auch gar nicht versuchen; man muss es einfach aushalten und durchhalten; das klingt...hart, aber es ist doch zugleich ein großer Trost; denn indem die Lücke wirklich unausgefüllt bleibt, bleibt man durch sie miteinander verbunden. Es ist verkehrt, wenn man sagt, Gott füllt die Lücke aus; er füllt sie gar nicht aus, sondern er hält sie vielmehr gerade unausgefüllt und hilft uns dadurch, unsere alte Gemeinschaft miteinander – wenn auch unter Schmerzen – zu bewahren. ...Je schöner und voller die Erinnerung, desto schwerer ist die Trennung. Aber die Dankbarkeit verwandelt die Qual der Erinnerung in eine stille Freude. Man trägt das vergangene Schöne nicht wie einen Stachel, sondern wie ein kostbares Geschenk in sich.
(Quelle unbekannt))

13. Vaterunser

14. Lied: Hoffen wider alle Hoffnung

15. Einladung/Hinweise

16. Segenstext

Herr, bleibe bei uns,
denn es will Abend werden
und der Tag hat sich geneigt.
Bleibe bei uns, wenn uns klar wird,
wie kurz die Zeitspanne ist
vom Leben bis zum Tod,
und wie brüchig unser Dasein.

Bleibe bei uns, Herr,
Wenn uns klar wird,
wie nah zusammengerückt
die Jahre des Lebens
in der Erinnerung sind
als hätten wir alles schon durchmessen,
was Menschendasein ausmacht:
Freude und Leid,
Hoffnung und Verzweiflung,
Geborgenheit und Verlassenheit,
Angst und Vertrauen.

Bleibe bei uns, Herr,
wenn wir erkennen, das alles, was bleibt
die Dankbarkeit ist
für alles Schöne,
für alles, was gelang,
aber auch für die Scherben
in unserem Leben.

Bleibe bei uns, Herr,
so wie die Abendsonne,
die alles in ihr mildes Licht taucht.

Und sich über das, was war, legt
wie der tröstende Glanz deines Friedens
und des Lichts.

Bleibe bei uns, Herr,
an diesem Abend
und an allen Abenden unseres Lebens
sowie an jedem neuen Tag.
Segne uns, Gott,
Du, der Vater, der Sohn, der heilige Geist, Amen.

17. Lied: Von guten Mächten

18. Instrumentalmusik

„Ich lebe und auch ihr sollt leben"
– Andacht im Spätherbst / November –

Gestaltungselemente
- Schwarzes Tuch
- Schwarzes Tuch als Dekoration in der Mitte
- Stein / Behälter mit Pflanze / Krug mit Wasser/ Plastik (Engel- oder Heiligenfigur/ Kerze
- Blätter und Schreibstifte bereit legen
- Teelichter in genügender Anzahl in Körben
- Geschenk: kleines Tontöpfchen mit Glasperle als „Träne" darin

Übersicht
1. Instrumentalmusik
2. Einstiegstext
3. Lied: Scheu dich nicht, zu weinen (Cantate, 8)
4. Begrüßung / Einführung
5. Lied: Meine Zeit steht in deinen Händen (Erdentöne-Himmelklang, 121)
6. Gebet
7. Instrumental
8. Geschichte: Das Märchen vom Tränenkrüglein
9. Instrumental
10. Meditation
11. Lied: Gib mir deine Hand (Erdentöne-Himmelklang, 170)
12. Besinnung
13. Trauerwand
14. Kurzer Text
15. Lied / Kanon: Meine Hoffnung und meine Stärke (Taizee-Lied)
16. Vaterunser
17. Einladung / Hinweise
18. Segenstext
19. Lied: Bewahre uns Gott, behüte uns Gott (Erdentöne-Himmelklang, 110)
20. Instrumentalmusik

Ablauf mit Texten

1. Instrumentalmusik

2. Einstiegstext

Eine Frau erzählte mir vor kurzem:
Als mein Mann gestorben war, wurde der Friedhof einer meiner wichtigsten Rückzugsorte. Hier konnte ich meiner Trauer und meinem Schmerz Raum geben. Dorthin zu „pilgern“ wurde fast zu einem Ritual: Immer musste ich zu Fuß dort hingehen, immer dem gleichen Weg folgend, egal bei welchem Wetter – und schon allein der Weg dorthin hatte etwas Beruhigendes. In dieser Zeit habe ich begriffen, wie sehr wir Menschen einen Ort für die Trauer brauchen. Und für mich war es eben dieser Friedhof. Vielleicht musste ich mir auch immer wieder im wahrsten Sinne des Wortes „vor Augen führen“, dass mein Mann nicht mehr lebt, dass nichts mehr so ist wie es mal war. Und wo konnte ich das besser als hier? Da entdeckte ich etwas, das mir in meiner Trauer Worte der Hoffnung gab. Es war ein alter, verwitterter Gedenkstein am Grab eines unbekannten Toten. Dort stand ein Satz: „Ich lebe, und auch ihr sollt leben“ – welch tröstliche und ermutigende Botschaft war das plötzlich für mich, die ich hier noch weiterleben musste.

3. Lied: Scheu dich nicht, zu weinen

4. Begrüßung / Einführung

„Ich lebe – und auch ihr sollt leben.“ Dieser Satz, dieser Gedanke klingt fast ein wenig provozierend. Leben? Was soll das heißen angesichts des Todes? „Ich lebe, und ihr sollt auch leben.“ Schwierig genug ist diese Aussage – gefunden an einem Grabstein auf dem Friedhof, dem Ort der Erinnerung, des Todes schlechthin. Doch vielleicht ja auch dem Ort des Übergangs. Die Frage bewegt uns: Was kommt danach? Ist Leben nicht mehr als das, was ist und war? Lassen Sie sich auf solche Fragen ein. Hier, in diesem Raum für Trauer. Lassen Sie sich auf die Stille ein. Geben Sie sich Zeit für ihre Trauer.

5. Lied: Meine Zeit steht in deinen Händen

6. Gebet

Durch die Wüste zogen sie
Und konnten ihre Toten
am Rande ihres Weges nur begraben.
Ein Stein zu unterscheiden
kaum von anderen
war einziges Zeichen auf dem Grab.

Und immer noch,
ist solch ein Stein Erinnerung,
sagt wie in längst vergangener Zeit:
Bis hierher gingen wir zusammen.
Dein Weg ist nun zu Ende.

(Doch du gabst zu verstehen:)
Der Weg geht drüben weiter,
und auch der unsre.
Es heißt, dass wir dein Land,
aus dem wir kamen,
nie ganz verlassen haben.
Verborgen nur die Spur,
die drüben unsre Wege zeichnet.
Irrtum, was uns hier Schmerz bereitet.

(Da bist du, Gott, so heißt es,)
der uns die Augen öffnen
und wieder neu vereinen will.
(Doch wo?
Wo bist du, Gott?)

(Nach: Martin Schmeisser: Vergiß nicht, es gibt ja das Licht. Für Zeilen des Abschieds und der Trauer, Verlag am Eschbach der Schwabenverlag AG, Eschbach 2001)

7. Instrumental (kurz)

8. Geschichte: Das Märchen vom Tränenkrüglein

Das Kind einer Mutter war gestorben. Ein Mädchen noch jung an Jahren. Schwerkrank war es plötzlich geworden und hatte die Krankheit nicht überlebt. Gelähmt vor Schreck und Trauer, wusste die Mutter die erste Zeit nicht, was sie machen sollte. Dann brach es aus ihr heraus, und sie weinte Tag und Nacht. Sie aß nichts mehr. Sie trank nichts mehr. Sie schloss sich von der Außenwelt ab. Mehrere Wochen ging das so. Dann, eines Nachts, hatte sie einen Traum: Ihr verstorbenes Kind stand am Ende ihres Bettes, in den Händen hielt es ein Krüglein. „Liebe Mutter", sagte es, „es geht mir gut dort, wo ich jetzt bin. Ich fühle mich wohl. Hier, in diesem Krug, sind alle deine Tränen, die du um mich geweint hast. Ich habe sie alle gesammelt. Als Zeichen, dass du auch jetzt mit mir verbunden bist. Der Krug ist nun reichlich gefüllt. Du brauchst nicht mehr zu weinen." Dann verschwand das Mädchen. Die Mutter wusste fortan, dass es ihrem Kind gut ging. Und dass ihre Trauer nicht umsonst war. Gewiss: Immer wieder gab es Momente, da weinte sie noch. Aber die Traurigkeit, aus der die Tränen entsprangen, hatte sich in eine gewisse Zuversicht verwandelt.

(nach Gebrüder Grimm)

9. Instrumental (kurz)

10. Meditation

schwarzes Tuch als Dekoration in der Mitte
im Hintergrund: Stein / Behälter mit Pflanze / Krug mit Wasser / Plastik (Engel- oder Heiligenfigur / Kerze)

Manchmal wünschte ich mir, ein Engel käme und finge all meine Tränen auf. Dann wüsste ich, sie wären nicht vergebens.

Musik startet leise

So gehe ich durch das Tor des Friedhofs.
Und Stille umgibt mich. Unruhe des Leben scheint hier keinen Zutritt zu haben. Wichtigkeiten des Lebens? Angesichts des Todes werden sie unwichtig.

Die Luft, die ich atme, ist anders. Der Duft von Tannen und Chrysanthemen über den Gräbern. Friedhofsruhe – und immer wieder die Frage: Wo bist du wohl jetzt? Dieser Ort hier – das kann doch nicht das Ziel sein?

Frieden: Das ist doch anders als Grabesruhe. Zerstörung kann uns nichts mehr anhaben, gewiss. Aber das kann doch nur die eine Seite sein von Frieden.
Ein Frieden wie ein toter Stein.

Musik lauter – kurz
Stein hinlegen

„Niemand weiß, wie lange werden wir noch sein,
morgen oder heute holt der Tod uns ein.
Keiner kann uns helfen, jeder stirbt allein,
und es bleibt am Ende nur ein Grab, ein Stein."
(Gedicht hier wie im folgenden: Lothar Zenetti, in: ders., Die wunderbare Zeitvermehrung, Verlag J. Pfeifer, München 1983)

Ein Stein am Grab wie ein Teil einer Wand, Monument der Erinnerungen, der Geschichten. Funken des Lebens entspringen daraus. des gelebten Lebens.
So endgültig scheint alles mit dem Stein. In Stein gehauen der Name des Menschen,
den wir vermissen. Doch ebenso in unsere Seelen geschrieben, und in die Hand Gottes. Das hoffen wir, immer wieder, bevor die Erinnerung erneut zu Stein wird.

„Und es bleibt am Ende nur ein Grab, ein Stein.
Bleibt wirklich nur dieser Stein? Kaltes Zeichen des Friedens?
Es muss doch noch eine andere Seite des Friedens geben:
Und dann wäre dieser Friedhof, tatsächlich, nur ein Vorhof zum Frieden."

Musik lauter – kurz

Oft ging ich anfangs zum Grab. Ich wollte die Erde wegscharren, dich lebendig machen. Nichts geschah. Ich wollte meinen Kopf an einem Stein wund schlagen, die Ohnmacht nicht aushalten.

Mein Haus war kalt geworden. Einsam und leer. Die einfachsten täglichen Arbeiten lagen wie Felsbrocken vor mir. Ich ertrug die Stille nicht und auch nicht den Lärm. Ich dachte an die kalte Erde im Grab und dass ich dich nicht wärmen konnte – außer mit meinen Tränen.

Doch eines Tages konnte ich selbst meinen Tränen nichts mehr anbieten. Das Grab war ins Trauerlose ausgewalzt. Meine Sinne abgenutzt. Ich ein Vogel ohne Federn, in die Wüste verirrt und von der Angst umgarnt. Nur noch die verkümmerte Sehnsucht in mir nach ein wenig Schmerz.

(Nach: Charlotte Knöpfli-Widmer, aus: Liebe über den Tod hinaus, © Ambos-Verlag, St. Gallen)

Ich spürte wie leer ich war. Ausgedorrt wie nach Wochen der Wüste. Doch ganz fern sehnte sich etwas in mir nach Erfrischung. Nach etwas, das mich wieder aufleben lassen könnte, eines Tages, wie Wasser eine Pflanze, die nicht ganz gestorben ist, sondern nur überwintert.

Musik lauter – kurz
Behälter mit Pflanze hinstellen
Wasser aus Krug in Behälter gießen

„Alle unsre Namen wird der Wind verwehn,
oder ruft uns einer, dass wir fortbestehn?
Kann es sein, dass Gott uns einst vom Tod befreit
und in Freude wandelt alles Menschenleid?
Werden wir dann hören, wie die Schöpfung singt,
wie das Lied der Sterne und der Blumen klingt?“

Wasser ist ein Zeichen des Lebens und des Segens.
Wasser lässt Verdorrtes wieder aufleben. Es stärkt, was geschwächt war.

Die Tränen in dem Tränenkrug – vielleicht werden sie zur Kraftquelle neuen Lebens?
Vielleicht sind sie ein Zeichen des Segens, der neues Leben gelingen lassen will?
Eine Pflanze, die auf dem Grab blüht, durch Wasser am Leben erhalten, zeigt mir:
Aus dem Grab kann etwas wachsen, kann neues Leben tatsächlich entstehen.
Ein Symbol, gewiss. Aber es steht für eine tiefere Wirklichkeit – und dann wäre tatsächlich alles nur Durchgang, Übergang. Dann gibt es für alles ein jetzt und dann.

Ich blicke ich auf das Grab wie auf eine Tür. Und ein anderer Spruch an einem anderen Grab fällt mir ein: „Hier ruht der sterbliche Leib von ...“, so stand in den Stein gemeißelt, „er verließ diese Welt am ...“

Diese Welt verlassen – in eine andere gehen. Ein Durchgang in der Finsternis.
Doch was kommt danach?

Musik lauter – kurz

„Gottesacker“ hatte man den Friedhof oft genannt. Einst klang das befremdlich für mich. Und auch ein wenig grausam.
Doch heute wirkt es hoffnungsvoll: Er ist nicht länger der Ort, der nur aufnimmt, was am Ende übrigbleibt. In ihm ruht, das auflebt, wenn die Sonne wieder scheint.
Aus den Tränen, die zu Boden fallen, kann neue Frucht entstehen.

Auf vielen Gräbern sehe ich den Namen und zwei Daten: Gekommen, gegangen.
Ist weiter nichts zu sagen? Ist weiter nichts zu hoffen?

Auf manchen alten Gräbern entdeckte ich zerbrochne Säulen. Wie zu Stein gewordene Verzweiflungsschreie: Warum, Gott, musste er schon gehen?
Warum brichst du ab, was mitten im Leben stand?

Unversöhnlichkeit mit dem, der über Tod und Leben entscheidet. Oder ob er überhaupt existiert?

Musik lauter – kurz
Plastik (Engel- oder Heiligenfigur) hinstellen

„Eine neue Erde, wie soll das geschehen,
dass wir unsre Lieben einmal wieder sehn?
Oder sind das Träume, die wir uns erdacht?
Wer von uns ist jemals aus dem Tod erwacht?"

Eine Figur an einem Grab zeigte in eine bestimmte Richtung.
Als wollte sie mir den Weg weisen. Als wollte sie sagen:
Dort, wo die Wege enden, beginnt ein Weg. Dort, wo es finster ist, ist Licht.

Manchmal bedarf es der Wegweiser. Manchmal bedarf es der Bilder.
In Zeiten, in denen es leer ist in uns und wir uns verloren fühlen,
können sie uns Orientierung geben. Wie Pflöcke, die uns zum Innehalten auffordern,
zum Betrachten, zum Erinnern. Wie Bild gewordene Hoffnung auf etwas,
das weitergehen darf.

Wie sieht denn diese Ewigkeit aus, wie das, was danach kommt, oder genauer: Was eigentlich schon immer ist? Einer hatte es mal so umschrieben: Raum und Zeit und alles, was einengt, haben dann keine Bedeutung mehr.

Dann aber wäre der Mensch, den ich so vermisse, in einem Zustand der Freiheit und des Glücks, der Fülle des Lebens. Vielleicht akzeptiere ich dann ja wieder mein Recht, leben zu dürfen – weil der andere auch lebt. Bilder, Figuren, Symbole am Grab: Manchmal fordern sie uns zum Innehalten auf.

Musik lauter – ca. 30 sec

Die Trauer war nicht vergebens. Sie hat mich verändert.
Immer wieder werde ich Momente der Traurigkeit haben.
Doch wo zunächst alles nur dunkel war, zeichnet sich jetzt ein Pfad ab,
der irgendwie ins Helle führt.

Ich möchte das für dich und mich glauben können:
„Hier haben wir keine Stätte des Bleibens." Hier nicht, wo der Abschied schmerzt, wo wir Krüge voller Tränen weinten. Und da nicht da, wo du – wie wir sagen – deine letzte Ruhestätte gefunden hast. Da muss noch etwas vor uns sein. Das möchte ich für dich und mich glauben können.

Und je länger ich dies glaube, desto mehr spüre ich: Dass du mich wie ein hauchdünner Schleier durchwebst und mich überall hin begleitest. Und dass du am nächsten bist, wenn ich allein bin. An diesem Ort, an deinem Grab. Das aber nicht länger letzte Ruhestätte ist. Ich spüre, wie du zu mir sagst: Ich lebe – also sollst auch du leben.

Und wie ein Licht erhellt sich meine Finsternis.

Musik lauter – kurz
Kerze hinstellen

„Wer wälzt von dem Grabe uns den schweren Stein?
Wer kann, wenn wir tot sind, uns vom Tod befrei'n?
Einen sah ich sterben in das Leben gehen,
und ihm will ich glauben, dass wir aufersteh'n."

Ein Licht, das mitten in der Nacht leuchtet, zeigt, dass diese Nacht nicht alles ist.
Es kann die finsterste Dunkelheit durchbrechen. Ein Licht auf dem Grab zeigt, ein Weg ist da, den zu gehen es des Lichtes bedarf. Nur wer lebt, hat Licht nötig. Nur wer lebt, kann Wege gehen. Und umgekehrt: Wo Licht ist, sind Wege, ist Leben.

Meine Toten, sind lebendig in mir, mit ihren Gedanken, mit ihrem Lächeln,
mit ihrem Schweigen. Meine Toten sind lebendig in dir, Gott, mit dem, was sie gelebt haben, mit dem, was sie nicht leben konnten.

Hilf du mir nun, dass auch ich wieder einen Morgen schauen und erkennen kann: Das Leben ist stärker als der Tod. Und dass ich den Rufe vernehme, der unablässig erklingt: Ich lebe – und auch ihr sollt leben.

Musik lauter – eine Minute, dann aus

11. Lied: Gib mir deine Hand

12. Besinnung
kurze Erläuterung
Meditationsmusik während Besinnung (1 min)

13. Trauerwand
kurze Erläuterung: Zettel / Kerzen zur Trauerwand bringen
Instrumentalmusik während Aktion

14. Kurzer Text
Die Nacht wird nicht ewig dauern.
Es wird nicht finster bleiben.
Die Tage, von denen wir sagen,
sie gefallen uns nicht mehr,
werden nicht die letzten Tage sein.

Wir schauen durch sie hindurch
vorwärts auf ein Licht,
zu dem wir jetzt schon gehören
und das uns nicht loslassen wird.
Über das Grab hinaus.
Das ist unser Bekenntnis.
(Quelle unbekannt)

15. Lied: Meine Hoffnung und meine Stärke (6x)

16. Vaterunser

17. Einladung / Hinweise

18. Segenstext

Möge dir Gott für Augenblick
das Gefühl geben,
dass ob du auf Flügeln getragen wirst
– inmitten der Schwere deiner Trauer.

Möge dir Gott einen Funken seines Friedens
noch hier, in dieser Welt,
zu erkennen geben.

Möge Gott dir in jedem Moment deines Daseins,
gerade dann, wenn du nicht damit rechnest,
das sichere Gefühl geben:
Er ist für dich da.

Möge Gott dir schon jetzt
einen Hauch des neuen Himmels
und der neuen Erde spüren lassen,
wo es keinen Tod mehr gibt.

Möge Gott bis dahin in Zeit und Raum
mit seinem Segen bei dir bleiben,
– und bei all jenen, die wir vermissen,
und die doch leben, in seinem ewigen Reich des Lichtes.
So segne uns, Gott, der Vater, der Sohn, der heilige Geist. Amen.

19. Lied: Bewahre uns Gott, behüte uns Gott

20. Instrumentalmusik

„Wenn die Nacht keine Tür hätte, woher käme der Tag?"
– Andacht am Tag vor Heiligabend –

Gestaltungselemente

- 4 geschlossene Türen, die sich öffnen lassen (aus stabilem Karton basteln – muss wagrecht und frei stehen können)
- Brennende Kerze hinter einer dieser Türen
- Blätter und Schreibstifte bereit legen
- Teelichter in genügender Anzahl in Körben
- Kleine Laternen in Hausform mit „offener Tür", auf einem Bierdeckel, mit Teelicht darauf

Übersicht

1. Einstiegsgedanke: Türen
2. Lied: Oh Heiland, reiß die Himmel auf, 1-3 (Gotteslob, 105)
3. Begrüßung / Einführung
4. Gebet
5. Lied: Oh Heiland reiß die Himmel auf, 4-5 (Gotteslob, 105)
6. Geschichte
7. Instrumental
8. Meditation
9. Lied: Die Nacht ist vorgedrungen (Gotteslob, 111)
10. Besinnung
11. Trauerwand
12. Kurzer Text
13. Lied: Kündet allen in der Not (Gotteslob, 106)
14. Vaterunser
15. Einladung / Hinweise
16. Segenstext
17. Lied: Von guten Mächten (Cantate, 326)
18. Instrumental

Ablauf mit Texten

1. Einstiegsgedanke: Türen

Türen, an denen zu klopfen war,
Türen, durch die ich hineingerufen wurde,
Türen, vor denen ich gewartet habe,
Türen, die zufällig geschlossen waren,
Türen, die mit Absicht verschlossen waren,
Türen, die sich nie mehr geöffnet haben.
Türen, durch die ich nur einmal eintrat,
Türen, von denen ich den Schlüssel verloren habe,
Türen, vor denen ich gespannt stand,
Türen, vor denen ich zitterte vor Angst,
Türen, hinter denen mich Frohes erwartete,
Türen, hinter denen mich Hartes erwartete,
Türen, die Utopien zerstörten,
Türen, hinter denen sich ein Abgrund auftat,
Türen, die nach oben und nach unten führten,
Türen, die ich hätte einschlagen können,
Türen, hinter denen Leid und Tod warteten,
Türen, an denen mein Schicksal hing,
Türen, hinter denen Prüfungen standen,
Türen, die hinter mir zuflogen,
Türen, hinter denen mehr war, als ich ersehnte,
Türen, hinter denen nichts war,
Türen – Türen – Türen –
Wie viele Wege enden vor oder hinter Türen?
Doch:
„Wenn die Nacht keine Tür hätte – woher käme der Tag?“
(Zitat Erich Fried; Quelle restl. Text: unbekannt)

2. Lied: Oh Heiland, reiß die Himmel auf

3. Begrüßung / Einführung

Wir haben es gerade eben gehört: Türen stehen für viel im Leben. Mit Türen verbinden wir zahlreiche Gedanken, Erinnerungen, Träume, Hoffnungen, aber auch Ängste. Etwas zu öffnen und damit Neues für mich zuzulassen, etwas zu schließen und damit

Altes hinter mir zu lassen – endgültig manchmal: das weckt gemischte Gefühle. Welches Gefühl hatten Sie heute Abend, als Sie sich aus der Tür Ihrer Wohnung hinaus hierher aufgemacht haben durch das Tor dieser Kirche in diesen Raum hinein? Spüren Sie ein wenig diesem Gefühl nach. Und lassen Sie Ihre innere Tür offen für das, was Sie bewegt. Lassen Sie Dinge hinaus, lassen Sie aber auch Gedanken zu.

4. Gebet
Tapfer soll ich sein, aber ich habe Angst.
Stark soll ich sein, aber ich bin schwach.
Gefasst soll ich sein, aber ich bin fassungslos.
Hart soll ich sein, aber ich bin weich.

Gott, wie kann ich vor der Nacht fliehen,
wie kann ich vor dem Tag davonlaufen,
wie kann meine Unruhe ein Ziel finden,
wenn die Trauer beharrlich mitgeht,
wenn der Schmerz immer zu schnell ist?

Gott, ich sehne mich nach dir:
Ich stehe vor deiner Tür
mit dem, was vergangen ist,
mit dem, was heute auf mich zukommen will.
Herr, in meiner Zerrissenheit
sei du der eine, in dem sich alles eint.
Ich stehe vor deiner Tür und klopfe an, Herr.
Du wirst sie öffnen.

5. Lied: Oh Heiland reiß die Himmel auf, Str. 4-5

6. Geschichte
Einst träumte mir, ich stehe vor einer großen Tür und höre dahinter das Schreien von Babys. Ich öffne die Tür und trete über die Schwelle: Kleinkinder krabbeln auf dem Boden, machen erste Gehversuche, spielen mit Puppen. Da schlägt die Tür hinter mir zu. Ich öffne die nächste Tür und stehe in einem neuen Raum. Auch hier Kinder, aber sie sind größer. Sie sitzen am Tisch, malen

mit bunten Stiften, werfen sich Bälle zu, lachen, streiten. Da schlägt auch diese Tür zu.
Die nächste Tür: Junge Menschen, fast erwachsen, sitzen am Boden. Sprechen miteinander, laufen im Zimmer umher, reden wild aufeinander ein, halten sich an der Hand, umarmen sich, küssen sich, stehen einsam in einer Ecke, lachen, weinen. Die Tür schlägt zu. Eine weitere Tür geht auf: Drei Paare sitzen an drei Tischen. Zwei Frauen halten Babys in ihren Armen. Sie stillen sie, wickeln sie. Am dritten Tisch blättern ein Mann und eine Frau in einem Buch – sie halten ihre Gedanken auf einem Papier fest. Die Tür schlägt zu.

Der Raum hinter der nächsten Tür wird von warmem Licht durchflutet wie an einem späten Sommertag. Zwischen zwei Paaren mittleren Alters läuft ein Jugendlicher ungeduldig hin und her. Eine Frau sitzt allein, den Kopf in die Hand gestützt, den Blick in die Ferne gerichtet. Sie wartet – auf was? Auf wen? Da schlägt auch diese Tür zu. Hinter der sechsten Tür: Sanft klingen die Geräusche hierin, leiser die Stimmen. Das Licht noch milder. Ältere Menschen sitzen auf einer Bank. Reden, lachen, trinken Wein. Eine weißhaarige Frau lächelt wie ein junges Mädchen. Die Hände tief in den Hosentaschen, das Gesicht zerfurcht, steht ein alter Mann unsicher vor der Tür. Laut fällt sie ins Schloss.

Der siebte Raum ist fast dunkel. Lichtschimmer fallen auf schweren Holzboden, einer fällt auf ein Bett: darin liegt eine alte Frau. Sie schläft. Ein Mann sitzt abwesend auf einem Stuhl, den Oberkörper nach vorne gebeugt, auf einen Stock gestützt. Eine Kerze brennt. Die Tür – schlägt zu. Und es ist völlig finster... ich möchte die Tür öffnen und zurückgehen. Doch sie bleibt verschlossen. Da taste ich mich nach vorne. Halte eine weitere Klinke in der Hand. Mein Herz klopft, ich traue mich nicht, die Tür zu öffnen. Noch nicht. Aber ich weiß: Sie führt irgendwohin – und weiter.

(Jürgen Kaufmann, u.a. in: Ein Quell in unserer Wüste, Echter Verlag, Würzburg 2000)

7. Instrumental

8. Meditation

4 geschlossene Türen versetzt im Vordergrund, brennende Kerze hinter der 4. Tür

Eine Tür, verschlossen. Eine Tür, die sich öffnet:
Was liegt dahinter, was liegt vor mir?

Musik. 20 sec, dann leise weiter

Wie war ich voller Neugier, wenn ich früher vor einer Tür stand. Die Erwartung des Neuen erfüllte mich mit Spannung, die Hoffnung auf das Unerwartete weckte in mir die Sehnsucht nach mehr.

Eine Tür aufmachen – das bedeutete auch, offen sein für das Leben. Auch wenn mir das nie so bewusst war, konnte ich es doch manchmal spüren.

Türen öffnen und sie durchschreiten, das bedeutete aufbrechen, das hieß aus sich herausgehen, neue Ufer sehen, über den Horizont schauen, Licht spüren. Sofern man es wagt.

Ein König hatte ein Problem. Er hatte ein großes Türschloss an einer mächtigen Tür, das nicht zu öffnen war. Niemand hatte es je versucht. Der König fragte seinen Hofstaat, wer in der Lage sei, dieses Schloss und sodann die Tür zu öffnen?

Da schüttelten viele den Kopf. Und andere, die das Schloss näher betrachteten, sagten, sie könnten dies niemals schaffen. Selbst die Weisen hielten es für unmöglich und bald auch der Rest, weil es die Weisen so sahen. Nur ein einziger ging an die Tür heran. Er drückte die Klinke – und sie öffnete sich. Tür und Schloss waren nur angelehnt. Und es bedurfte nur der Bereitschaft, dies zu begreifen.

(Aus: Nosrat Peseschkian. Der Kaufmann und der Papagei, Fischer Verlag, Frankfurt/M, 2003)

Türen, an denen zu klopfen war,
Türen, durch die ich hineingerufen wurde,
Türen, vor denen ich gewartet habe,
Türen, die aufgingen.

Tür öffnen, Musik lauter, Musik wieder leiser

Viele Türen haben wir in unserem Leben durchschritten, in frühen Jahren, in der Kindheit, in der Jugend, als wir älter wurden. Menschen haben uns begleitet, sind uns begegnet beim Gang durch diese Tür.

Türen haben uns weitergeführt im Leben. Viele dieser Türen erschienen im Rückblick vorgegeben, später mussten wir selbst entscheiden: Welche Tür ist für mich die richtige – habe ich meine Tür gefunden?

Vor manchen Türen stand ich gespannt. Vor manchen Türen zitterte ich vor Angst. Hinter manchen Türen erwartete mich Freude. Hinter anderen erwartete mich Schrecken. So manche Tür zerstörte meine Träume. Hinter einigen Türen tat sich der Abgrund auf: Abschiede, Sterben, Tod – das Aus?

Eine Frau, die einen schweren Schicksalsschlag erlitten hatte, war zu Gast in einem Kloster. Lange Zeit hatte sie mit einem der Mönche über ihr Leben gesprochen, bei ihm Hilfe und Orientierung gesucht. Schließlich traten beide auf den langen, dunklen Flur: Die Türen zu den Zellen der Mönche lagen an seiner Seite. Da zeigte der Mönch mit seiner rechten Hand in Richtung des Flures uns sagte: „Dein weiteres Leben ist ebenso wie dieser lange Flur mit den vielen Türen. Nur an einer Tür kannst und wirst du stehen bleiben und eintreten. Überlege dir, welche Tür du wählst. Doch dann gehe auch hindurch.“

Türen, die mit Absicht verschlossen waren.
Türen, die sich nie mehr geöffnet haben.
Türen, durch die ich nur einmal eintrat.
Türen, von denen ich den Schlüssel verloren habe.

Tür öffnen, Musik lauter, Musik wieder leiser

Manche Türen blieben für uns verschlossen. Sie beendeten einen Weg, der im Licht und voller Hoffnung einst begonnen hatte. Menschen, die bei uns waren, blieben in dem Raum zurück, den wir mit ihnen durchschritten hatten.

Wir mussten unseren Weg alleine weitergehen. Schwer fiel uns dieser Weg. Weh tat uns dabei das Herz. Alleine mussten wir weiterschreiten, manchmal die Richtung ändern, standen dann vor neuen Türen und fragten uns: Durch sie hindurchgehen? Mich ein weiteres Stück entfernen von dem was war, von jenem, der mit mir gegangen war? Der Gang durch diese Türen bereitete uns Angst.

Auf dem Dachboden eines alten Hauses war eine Tür, seit ewigen Zeiten. Niemand hatte sie jemals geöffnet. Aber jeder hatte Angst davor, dies zu tun. Kinder, die auf dem Dachboden spielten, wurden gewarnt, nicht zu nahe an diese Tür zu gehen. Erwachsene, die später hinaufgingen, erinnerten sich an ihre alte Furcht – und wagten nicht mehr, sich mit dieser Tür zu befassen.

Eines Tages kamen neue Mieter ins Haus. Und sie kamen auf den Dachboden. Sie sahen die Tür und wunderten sich, wohin sie führen würde. Sie öffneten sie – und sahen dahinter eine Wand. Die Tür war nur der Rest eines alten Durchgangs ins benachbarte Haus, das vor ewigen Zeiten mit diesem Haus verbunden war. All die Ängste und Erinnerungen waren umsonst. Und doch war dieses Bild symbolisch: Dort, wo die Tür nicht geöffnet wurde, ist sie zur Mauer geworden. Zum festen Bollwerk gegen die Hoffnung und das Licht.

(Geschichte der Frau, Quelle unbekannt)

Türen, hinter denen nichts war.
Türen, hinter denen ich mehr ersehnte, als war.
Türen, hinter denen Prüfungen standen.
Türen, die hinter mir zuflogen, ehe ich sie auftun konnte.

Tür öffnen, Musik lauter, Musik wieder leiser

Wenn es uns gelungen war, die Schwelle zu durchschreiten – erschien unser Weg dann nicht plötzlich in einem anderen Licht? Wie ein Tunnel, den ich durchschritten habe. Wie eine lange Wanderung durch die Nacht und den Zweifel. Wenn es am dunkelsten war, war es dann nicht so, dass irgendwann etwas aufflackerte, urplötzlich, auch wenn sich nichts an dem Weg durch die Nacht verändert hatte?
Als ob jemand da wäre, der mich an der Hand nimmt. Etwas, das in mir flackert als ob tatsächlich ein kleiner Funke Licht durch eine Tür fiel, die sich ganz weit, in der Ferne, einen Spalt breit geöffnet hat?

Ich bin viele Türen gegangen im Leben. Menschen haben mir Türen geöffnet. Menschen waren für mich wie eine Tür. Ich selbst war für Menschen eine Tür. Ich bin eine Tür, kann eine Tür sein. Geschlossen, oder offen – das liegt irgendwann auch an mir.

Wie viele Türen liegen noch vor uns – wir haben es nicht in der Hand. Wir wissen es nicht. Aber wir ahnen: Jeder Weg führt irgendwohin und irgendwie weiter. Jede Tür, die ihn unterbricht, führt in einen neuen Raum, eine neue Welt und in ein anderes Licht.

Wenn die Nacht kommt, dann sag deiner Angst,
das Tor ist nicht dunkel. Über dem Eingang wächst ein Licht.
Sag ihr: Dort, wo Türen sich schließen,
geht eine neue Tür auf.
Sie führt dich über den wankenden Grund
in eine neue Welt voller Licht.
Die dunkelste Nacht hat eine Tür,
die ins Helle führt.
Denn wenn die Nacht keine Tür hätte
– woher käme der Tag?
(Schlussgedanke: Quelle unbekannt)

Tür öffnen, Musik lauter, noch etwa 1 min

9. Lied: Die Nacht ist vorgedrungen

10. Besinnung
kurze Erläuterung
Meditationsmusik während Besinnung (1 min)

11. Trauerwand
kurze Erläuterung: Zettel / Kerzen zur Trauerwand bringen
Instrumentalmusik während Aktion – etwa 40 sec darüber hinaus

12. Kurzer Text
Auf einmal zerriss die Nacht
und ließ mich allein
mit meiner Sehnsucht,
meiner Verzweiflung,
meiner Schuld,
meiner Auflehnung,
meiner Ohnmacht und meiner Verletzung.

Auf einmal zerriss die Nacht
und ließ doch einen Spalt des Lichtes hinein in meine Seele.
Und ich spürte:
Alles, was ich in mir fühlte,
will durchlebt sein:
die Angst und Wut,
die Trauer und Empörung,
Unsicherheit und Entschlossenheit.
Alles gehört zu mir, ist Teil von mir,
auch wenn die Angst widerspricht:
Der Tag wird kommen, an dem ich wieder atmen kann.
Ich gehe auf ihn zu
mit jedem kleinen Schritt,
wie durch eine Tür
in einen neuen Morgen.

13. Lied: Kündet allen in der Not

14. Vaterunser

15. Einladung / Hinweise

16. Segenstext

Gott segne das Dunkel, das du nicht verstehst
und lasse dich schauen Sein Licht.
Gott segne deine Schwäche
und lasse dich erfahren seine Kraft.

Gott segne deinen Schmerz und die Schreie der Qual
und lasse sie zum Weg werden zu ihm.
Gott segne deine Einsamkeit
und lasse sie zur Gemeinschaft werden mit ihm.

Gott segne deine Fragen und öffne dir Ohren und Herz,
dass du seine Antwort verstehst zu deiner Zeit.
Gott segne die Ungewissheit und mache dich gewiss
seiner Gegenwart.

Gott segne deine Hoffnung und lasse dich vertrauen,
dass größer als deine Wünsche seine Liebe ist.
Gott segne deine schlaflosen Nächte
und lasse den Glauben in dir wachsen,
dass er dich führt.

Gott sei bei dir In dieser kommenden Nacht,
in deinem unruhigen Schlaf, in deinen dunklen Träumen,
in deiner quälenden Schlaflosigkeit.
Gott, sei bei dir, wenn die Nacht endet und der Tag beginnt.
Er segne dich und uns – er der Vater, der Sohn und der heilige Geist. Amen.

17. Lied: Von guten Mächten

18. Instrumental

„Ich setze meinen Bogen in die Wolken"
– Andacht zum Jahresbeginn / Januar –

Gestaltungselemente
- Großes schwarzes Tuch (zur Not Plakatkarton)
- Verschiedene einfarbige Tücher (Kartons, in Bogenform zurecht geschnitten): violett, blau, rot, gelb, grün
- Blätter und Schreibstifte bereit legen
- Teelichter in genügender Anzahl in Körben
- Bild-Text-Karte mit Regenbogenmotiv mit Text aus der Andacht

Übersicht
1. Instrumental
2. Einstiegstext
3. Lied: Herr, unser Herr (Gotteslob, 298)
4. Begrüßung / Einführung
5. Gebet
6. Lied: Manchmal kennen wir Gottes Willen (Gotteslob, 299)
7. Text
8. Instrumental
9. Meditation
10. Lied: Suchen und fragen (Erdentöne-Himmelsklang, 152)
11. Besinnung
12. Trauerwand
13. Kurzer Text
14. Lied: Herr, dir ist nichts verborgen (Gotteslob, 292)
15. Vaterunser
16. Einladung / Hinweise
17. Segenstext
18. Lied: Hoffen wider alle Hoffnung (Erdentöne-Himmelsklang, 88)
19. Instrumental

Ablauf mit Texten

1. Instrumental

2. Einstiegstext

Als du starbst, verlor ich meine Neugier.
Jemand wie du wird mir nicht mehr begegnen.
Auf wen sollte ich warten?
Als du starbst, verlor ich meine Unbefangenheit,
diesen Glauben an: Es wird schon wieder.
Da schrieb sich in meine Haut: Nie wird es wieder.
Als du starbst, verlor ich meine Jugend,
beugte sich mein Körper der Erde entgegen.
Als du starbst, verlor ich meine Ängste.
Jeden Tag nehme ich wie meinen letzten,
schlafe abends ein mit meinen kargen Träumen.
Ich suche dich, bis meine Füße aufgetragen sind
und meine Augen Tag und Nacht
nicht mehr unterscheiden.
Ich rufe nach dir, bis mein Schreien die Wolken aufreißt
und dein Name sich in das Blau des Himmels einritzt.
Nun ruhe ich mich aus, lege mich auf einen Regenbogen
und warte auf dich ...

(Renate Salzbrenner, Auf meinem Regenbogen, Gedichte zur Trauer und Hoffnung, Erlangen 1995)

3. Liedvortrag: Herr, unser Herr

4. Begrüßung / Einführung

„Meinen Bogen setze ich in die Wolken“ – ein Satz aus dem Buch Genesis, am Ende einer ungeahnten Katastrophe, als Zeichen der Hoffnung wo keiner mehr an Hoffnung dachte. Dieser Satz steht über unserem heutigen Raum für Trauer, und dazu begrüße ich Sie ganz herzlich. Der Regenbogen als ein Ergebnis zweier völlig unterschiedlicher Elemente: Regen und Sonne – Helligkeit nach der Katastrophe der Dunkelheit. Vielleicht könnte der Regenbogen mit seinen Farben auch für viele von Ihnen, nach der persönlichen Katastrophe, die Ihr Leben geprägt hat, zum Symbol werden für die Hoffnung, eines Tages wieder nach oben blicken zu können. Auch wenn der Gedanke manchmal schwer vorstellbar sein mag, lassen wir ihn doch einfach einmal so stehen: Ein Bogen als Zeichen dafür, dass über die größte Finsternis hinweg jemand da ist, der Ende und Anfang wieder miteinander verknüpfen kann.

5. Gebet

Gott, es gibt Momente,
da sind wir müde und wünschen nichts sehnlicher
als zu erlöschen, nicht mehr sein zu müssen.
Manchmal wird uns das Leben zur Last,
die wir abwerfen möchten.

Manchmal, Gott,
sind wir unfähig uns vorzustellen, wie es ist,
unbeschwert und fröhlich zu sein,
Schwung zu haben, den Alltag anzupacken.
Da fühlen wir uns alt und verbraucht.

Gott,
wenn diese lähmende Müdigkeit nach uns greift,
dann lass uns Zuflucht finden bei dir.
Dann erinnere uns,
wie oft du uns schon befreit hast
aus solchen Tiefen.
Dann hilf uns,
dass wir den Stimmen des Misstrauens
keinen weiteren Glauben schenken
und deine Verheißung nicht loslassen.

6. Lied: Manchmal kennen wir Gottes Willen

7. Text

Eine große Flut hat alles Leben überdeckt. Alles versank im Ungewissen und in der Verzweiflung. Den Boden weggeschwemmt hat die Untiefe und alles fortgerissen, was noch Halt gab. Doch in der größten Katastrophe sprach Gott: „Meinen Bogen setze ich in die Wolken. Er soll das Zeichen des Bundes sein zwischen mir und der Erde. Balle ich Wolken zusammen über der Erde und erscheint der Bogen in den Wolken, dann gedenke ich des Bundes, der besteht zwischen mir und euch und allen Lebewesen. Und das Wasser wird nie wieder zur Flut werden. Steht der Bogen in den Wolken, so werde ich auf ihn sehen und des ewigen Bundes gedenken, zwischen Gott und allen Lebewesen auf der Erde." (Gen 9,13)

8. Instrumental

9. Meditation

Ein schwarzes Tuch liegt ausgebreitet am Boden; im Hintergrund: violettes, blaues, rotes, gelbes, grünes Tuch; farbige Tücher werden entsprechend den Texten hintereinander in Form eines Bogens auf schwarzes Tuch gelegt

Musik kurz, bei Textbeginn dann leise weiter

Es gibt Tage, da ist alles in mir schwarz. Tiefste Finsternis breitet sich aus. Ich fühle mich wie gelähmt als ob eine große Flut alles weggespült hätte. Um mich herum ist alles wie eine Nacht ohne Sterne, über mir wie eine schwarze Wolkendecke vor dem Unwetter. In mir ist dumpfe Ohnmacht, eine Sintflut, ein großer Graben. Und ich komme nicht mehr aus diesem Graben heraus, ertrinke in dieser Sintflut, die zugleich in mir selbst ist. Unfähig bin ich zu denken und zu fühlen. Gelähmt bin ich und machtlos, mich zu regen, wieder zu gehen, auch nur einen winzigen Schritt. Liegen bleiben möchte ich und nicht mehr aufstehen müssen.

Musik etwas lauter, 20 sec, dann wieder leise

Schwarz – Element der Lähmung und des Todes. Zeichen der Ohnmacht. Symbol für die Nachtseite des Lebens. Kein Platz für Farbigkeit. Kein Ort für Fröhlichkeit.
Ich sehe dich nicht. Dein Körper wurde mit Erde zugedeckt. Ich höre dich nicht. Deine Stimme rückt ferner von Tag zu Tag. Meine

Hände fassen nach dir und greifen ins Leere. Aus deinen Kleidern verfliegt mir der letzte Duft. Zeit und Raum kennst du nicht mehr. Du bist überall und nirgendwo.

(Nach: Renate Salzbrenner, Auf einem Regenbogen, Erlangen, 1995)

Gegangen in die Dunkelheit der Nacht. Und lässt die Nacht in mir zurück. Hoffnungszeichen? Verheißungen? Wo sollen die sein?

Violettes Tuch auf Boden legen
Musik 20 sec, bei Textbeginn dann leise weiter

Etwas bewegt sich. Die Lähmung ist gewichen. Aber um welchen Preis? Wo bisher dumpfe Ohnmacht war, da herrscht nun Verzweiflung. Ich spüre den Schmerz, ich spüre die Trauer, ich sehe die gewaltige Sintflut, die mein Leben zerstört hat und nun in mir tobt. Kein Halt, der mich bestehen lässt. Keine Brücke, die mir Rettung ist. Klar ist mir nun, was geschehen ist, grausam klar. Könnte ich flüchten an das Ende der Welt, was würde das bringen? Gedanken und Erinnerungen bedrängen mich, wirr, quälend, gnadenlos. Bilder von schönen, längst vergangenen Zeiten machen mir die Gegenwart unerträglich. Wie eine Sintflut bricht es nun aus mir heraus.

Musik etwas lauter, 20 sec, dann wieder leise

Mein Haus war kalt geworden, einsam und leer. Die einfachsten täglichen Arbeiten lagen wie Felsbrocken vor mir. Ich ertrug die Stille nicht und auch nicht den Lärm. Ich dachte an die kalte Erde im Grab. Und dass ich dich nicht wärmen konnte – außer mit meinen Tränen.

Oft ging ich zum Grab. Ich wollte die Erde wegscharren, dich wieder lebendig machen. Nichts geschah, nichts. Ich wollte meinen Kopf an einem Stein wund schlagen, die Machtlosigkeit und Traurigkeit nicht länger aushalten. Und dann das Zurückschrecken. Niemand hatte mir gesagt, dass Zorn nötig ist.
Verzweifelt sehe ich, das nichts mehr ist wie es war. Ich fühle, aber mehr, als zu ertragen ist. Mein Gott, woran soll ich mich halten?

Du bist aus mir heraus. Warum verbirgst du dich, wenn ich dich brauche. Wenn du mich schon verzweifeln lässt, so lass mich wenigstens auch zweifeln.

(Nach: Charlotte Knöpfli-Widmer, aus: Liebe über den Tod hinaus,
© Ambos-Verlag, St. Gallen)

Blaues Tuch auf Boden legen
Musik 20 sec, bei Textbeginn dann leise weiter

Was gibt mir Kraft? Wo finde ich halt? Wann kommt Hoffnung? Ich sehe den Himmel. Manchmal bricht er auf, für einen kurzen Moment. Wer hilft mir heraus aus dieser weidwunden Lage? Es muss etwas Größeres geben, das alles umschließt. In dem alles seinen Sinn hat. Das hinter den Dingen steckt. Das meine Sehnsucht stillt nach dem Ende der Endlichkeit. Hier und da ein Licht, eine Blüte, die aufbricht, zaghafte Gedanken an gemeinsame Zeiten. Hier eine Stimme, dort ein Blick, ein Haarschopf, ein Gesicht, das dem deinen gleicht. Kleine Wunder? Aufbruch aus der Alltäglichkeit? Irgendwo muss etwas Größeres sein, dass alles, was geschehen ist, wenn nicht ungeschehen macht so doch verwandelt. Irgendwo, irgendwie, Hoffnung?

Musik etwas lauter, 20 sec, dann wieder leise

Wenn der Himmel in unsere Nacht fällt und die Erde uns nicht mehr festhält, wenn uns aufgeht: Wir dürfen hoffen, Gottes Zukunft steht allen offen, dann ... – gehen wir dann dem Himmel entgegen?
Wenn ein Lichtblick uns etwas Mut schenkt, kleine Hoffnung das Leben heller macht, unser Himmel nach all dem Bangen nicht mehr länger ist grau verhangen, dann ... – gehen wir dann dem Himmel entgegen?

(Nach einem Liedtext von Winfried Offele, in: Symbole des Lebens ..., I, Limburg 1992)

Einen Moment lang, habe ich nur noch den Tod gesehen und das zu Ende gegangene Leben. Einen Moment lang, sehe ich wieder eine Ahnung von Leben.

Einen Moment lang war auch ich dem Tod ganz nah, war auch mein Leben an ein Ende gekommen.
Einen Moment lang spüre ich wieder einen Hauch von Anfang.
Und ich spüre die Sehnsucht: Dass mein Herz geöffnet wird, um tiefer und weiter schauen zu können, und hinter dem Ende den wahren Anfang zu sehen.

Rotes Tuch auf Boden legen
Musik 20 sec, bei Textbeginn dann leise weiter

Zornig sein auf das Leben, auf den Tod. Auf das, was geschah, auf den, der es zuließ.
Wieso, Gott? Wer bist du, dass so handelst? Was bedeutet dir das Leid? Ist nicht alles bloß Verwandlung zu dir? Aber was ist dann der Mensch? Was das Leben? Dieses Leben zulassen, ist deine Aufgabe. Dieses Leben zu leben – das ist meine.
Leben ohne zu trauern. Wieder lieben ohne zu bangen. Ich begehre auf gegen dich, Gott. Nehme mir das Recht heraus, wieder da zu sein – dir und den Mächten der Endlichkeit zum Trotz.
Was ich gelebt habe, möchte ich nicht mehr länger bedauern, nicht mehr loslassen müssen, nicht überwinden, nicht verdrängen, nicht vergessen. Ich möchte es bewahren, in mir, bäume mich auf gegen das Vergessen, gegen die Endgültigkeit. Leben, nicht sterben – um jeden Preis, mein Gott.

Musik etwas lauter, 20 sec, dann wieder leise

Gott, zu spüren, dass noch Leben in mir ist, ist manchmal wie ein Wunder. Zu fühlen, was lieben heißen könnte nach all der Trauer, ist wie ein Fingerzeig von dir. Manchmal begehre ich auf, entflamme für Momente, und weiß doch, dass ich mich verausgabe. Die Kraft ist nicht wieder da, um so zu leben, als ob ich Hürden überspringe. Noch habe ich den Weg nicht gefunden, der Ende und Anfang verbindet. Wie ein Feuer brennt es bisweilen in mir. Und manchmal verbrennt es mich dann wieder. Aber eines ahne ich und es wird zur Gewissheit:
Ob ich sitze oder stehe, du weißt von mir. Von fern erkennst du meine Gedanken. Ob ich gehe oder ruhe, es ist dir bekannt. Steige

ich hinauf in den Himmel, so bist du dort; bette ich mich in der Unterwelt, bist du zugegen.

Gelbes Tuch auf Boden legen
Musik 20 sec, bei Textbeginn dann leise weiter

Manche Selbstzweifel nagten an mir. Das Aufbegehren gegen den Tod hat mich zurückfallen lassen. Wenn ich spürte, die Kraft ist nicht mehr da, war ich anfällig für neue Momente der Traurigkeit. Aber es war eine andere Trauer. Sie hatte sich verändert, weil das Leben sich bereits verändert hatte. Die Trauer war nun ein Teil davon: ein Rückfall nach den Phasen des Hochs?
Doch nun war ich offen für eine Helligkeit, die ich zuvor nicht sehen konnte und wollte, die ich nicht zuließ. Sonne und Licht sind meine Sehnsucht. Wie eine Pflanze nach dem kalten Winter sauge ich sie in mir auf. Genieße die Helligkeit und die Wärme der Strahlen. Nehme jetzt die Seiten des Lebens wieder wahr. Das Gefühl für das Leben ist wieder da, ungetrübt durch falsche Hoffnungen. Doch kann ich auch loslassen und Neues zulassen?

Musik etwas lauter, 20 sec, dann wieder leise

Über dir Sonne Mond und Sterne.
Hinter ihnen unendliche Weiten.
Hinter dem Himmel unendliche Himmel.
Über dir, was deine Augen sehen.
In dir alles Sichtbare und das unendlich Unsichtbare.

Nie mehr wird sein, was war.
Aber in mir lernt, noch voller Tränen,
die Hoffnung wieder gehen.
Allmählich werde ich aufgerichtet,
ich sehe, noch verschwommen, im Finstern ein Licht.
Und ich weiß jetzt:
Du, Gott, kannst alles durchdringen.
Dein mildes Licht kann mein Gesicht berühren.
Und wie die Blumen nach Kälte und Nacht
sich am Tag entfalten und der Sonne stillhalten,

können ebenso still und froh,
deine Strahlen mich erfassen und als Wärme wirken lassen.

Grünes Tuch auf Boden legen
Musik 20 sec, bei Textbeginn dann leise weiter

Hoffnung wo keine Hoffnung war. In der Mitte treffen sich die Farben und bilden einen Regenbogen. Regen und Sonne, Dunkelheit und Helligkeit haben dieses Zeichen der Hoffnung entstehen lassen. Ich spüre das gelebte Leben: Stunden der Freude und des Glücks, Stunden der Trauer und der Verzweiflung. Sie werden für immer mein Leben sein, haben mich auf ewig geprägt. Nicht, dass ich nicht wünschte, es wäre nie so weit gekommen. Aber da es geschehen ist, muss ich es als mein Leben annehmen.
Mein Leben gleicht diesem Regenbogen, zusammengesetzt aus all den Farben, das Ende mit dem Anfang verknüpft, und das eine nicht ohne das andere.

Grün steht für neue Kraft und für die Hoffnung – wie der Regenbogen selbst: Eine Hoffnung wie eine Brücke, die von der finsteren Nacht in den hellen Morgen führt. „Mit abertausend Gesichtern Wolkenwagen Sonnenaugen Windohren staunt der Morgen aufwärts und wir staunen mit ihm." (Rose Ausländer)

Musik etwas lauter, 20 sec, dann wieder leise

„Ich setze meinen Bogen in die Wolken.
Er soll das Zeichen des Bundes sein
zwischen mir und der Erde." So hast du gesagt, Gott.
„Und das Wasser wird nie wieder zur Flut werden."
Auch das hast du gesagt, Gott, Fluten in unserem Leben, die alles davon reißen.
Ich möchte es gerne glauben. Und doch weiß ich, wie brüchig das Leben ist. Wie sehr ich in Gefahr bin, mich zu verlieren.
Trotzdem: Du hast mich herausgeholt aus tiefer Finsternis. Als jede Hoffnung zerstört war, mein Lebenswille zerbrach, hast du mir die Augen geöffnet für deine Gegenwart. Mitten in der Bedrängnis warst du der, der einen Bogen der Hoffnung aus all den

Facetten meines Lebens gebaut hat. Einen Regenbogen, auf dem ich mit meiner dunklen Angst gehen kann.

Ich weiß nun: Es gibt einen Weg für mich, auch wenn ich ihn noch nicht erkenne. Ich weiß: Ich kann Last tragen, auch wenn ich nicht stark bin. Du bist bei mir. Und hast deinen Bogen in die Wolken gesetzt, als Zeichen wider die Hoffnungslosigkeit. Und für das Leben.

10. Lied: Suchen und fragen

11. Besinnung
kurze Erläuterung
Meditationsmusik während Besinnung

12. Trauerwand
kurze Erläuterung: Zettel / Kerzen zur Trauerwand bringen
Instrumentalmusik während Aktion

13. Kurzer Text
Ich möchte dir zum Abschied
eine Blume schenken,
eine dieser winzigen gelben Blüten im Sand
über die wir uns beugten.
Ich stehe vor dir und weiß nicht,
wie Adieu sagen.

Ich möchte dir die grauen Berge schenken,
den Sonnenstrahl der mit uns lachte,
den Wind, der sich in meinen Haaren fing,
den Regenbogen, der graue Nässe
mit Farbe überzog.
Ich stehe hilflos vor Traurigkeit
und weiß nicht wie Adieu sagen.

Wenn wir uns einmal wiedersehen,
ist Berg und Wind und Blume und Sonne
nur noch Erinnerung,

für dich vielleicht so lange schon vergessen
Jedoch den Regenbogen hab ich behalten
und schenk ihn dir,
wenn ich dich wieder seh'.

(Daniela-Maria Brandt in: Vergiß nicht, es gibt ja das Licht, Verlag am Eschbach, Eschbach 2004, © bei der Autorin)

14. Lied: Herr, dir ist nichts verborgen 1-3

15. Vaterunser

16. Einladung / Hinweise

17. Segenstext

Segnender, heilender Gott,
brich mein Misstrauen auf
und wandle die Wunden
in spürsames Leben.
(Löse die Ängste, die mich zu ersticken drohen,
und lass mich ausatmen und wieder leben.)

Segnender, heilender Gott,
dring ein in den Grund meiner Abwehr
und mach mich fähig,
dein Wohlwollen anzunehmen.
(Schaff in mir Erlösung in meiner Not,
du Licht in meinem Dunkel.
Lass Antwort wachsen
mitten in Fragen nach Sinn und Ziel.)

Segnender, heilender Gott,
mach meine krummen Wege gerade.
Lass mich am Ende der Umwege
mich selbst und dich finden,
und schenk mir ein offenes Herz
für die Menschen, (die es noch gibt.)

Segnender, heilender Gott,
ermutige mich,
dem Leben (wieder) zu trauen.
(Lass mich neben dem Dunkel
das Helle wahrnehmen,
neben dem Regen den Bogen
mit seinen Farben der Hoffnung.
Segne uns, Gott, du, der Vater, der Sohn und der heilige Geist.
Amen.)

(Nach: Almut Haneberg, in: Gesegnete Wege, Verlag am Eschbach, Eschbach 1997,

18. Lied: Hoffen wider alle Hoffnung

19. Instrumental

„Woher nehm' ich, wenn es Winter wird, die Blüten?"
– Andacht im Winter / Februar –

Gestaltungselemente

- Großes grünes Tuch in der Mitte aufgeschlagen
- Jeweils senkrecht darauf gestellt: brennende Kerze / große gelbe Sonne (aus Pappe) / großes rotes Herz (aus Pappe) / farbiges, auf stabilen Karton (nicht zu fest!) geklebtes Bild (soll Fröhlichkeit ausdrücken) / 4 Vasen mit jeweils einer Blume
- Schwarzes und weißes Tuch
- Blätter und Schreibstifte bereit legen
- Teelichter in genügender Anzahl in Körben
- Geschenk: kleine Blume, gebunden an Text mit Märchen

Übersicht

1. Instrumentalmusik
2. Geschichte
3. Instrumentalmusik
4. Begrüßung / Einführung
5. Gebet
6. Lied: Meine engen Grenzen (Erdentöne-Himmelsklang, 147)
7. Bibeltext-Gedanken
8. Instrumental
9. Meditation
10. Lied: Freunde, dass der Mandelzweig (Cantate, 270)
11. Besinnung
12. Trauerwand
13. Kurzer Text
14. Lied: Wer nur den lieben Gott lässt walten (Gotteslob 296)
15. Vaterunser
16. Einladung / Hinweise
17. Segenstext
18. Lied: Kleines Senfkorn Hoffnung (Erdentöne-Himmelsklang, 142)
19. Instrumentalmusik

Ablauf mit Texten

1. Instrumentalmusik

2. Geschichte

Eine alte Fabel erzählt, dass die Bären im großen Eis einen betörenden, fremdartigen Geruch wahrnahmen. Und sie entdeckten ein winziges Veilchen, das vor Frost zitterte: Mutig durchdrang es die eisige Luft, die es umwehte, mit seinem süßen Duft. Die Bären rätselten über dieses sonderbare Geschöpf, das sie noch nie gesehen hatten. Und über dem ganzen großen Eis verbreitete sich die Nachricht von dem duftenden Wesen von violetter Farbe, das sich nie bewegte und nur auf einem Bein stand. Viele Tiere kamen, um es zu sehen. Sie bewunderten es, und sie fragten sich, woher dieses kleine Geschöpf die Kraft nahm, so viel Duft zu verströmen. Und es strömte so stark es nur konnte. Doch diese übermächtige Anstrengung erschöpfte die Blume. Als der neue Morgen heraufdämmerte, welkte sie dahin, müde ließ sie den Kopf hängen und verlor Farbe und Leben. Doch mit seinen letzten Gedanken wusste sie: Einer musste anfangen, die unendliche Eiswüste aufzutauen. Und eines Tages wird hier ein warmes, tiefblaues Meer sein oder eine grünsamtene Wüste. Und Millionen Veilchen werden blühen, und vieles, was lebt.

(Quelle unbekannt)

3. Instrumentalmusik

4. Begrüßung / Einführung

Woher nehm' ich, wenn es Winter ist, die Blumen: Wenn es kalt ist und eisig, und es gar nicht mehr aufhören will damit, dann beschleicht uns manchmal das Gefühl, es könnte kein Frühling mehr sein. Je größer die Sehnsucht danach, desto größer wird die Furcht, die Erinnerung daran könnte uns verlassen: die Erinnerung an Leben, an Wärme, die uns vielleicht helfen kann, die Kälte zu überbrücken und dem kommenden Leben wieder zu trauen. Die Zeit der Kälte und der Dunkelheit ist wichtig für unser Leben, um die Wärme wieder schätzen zu können. Die Zeit zu trauern ist wichtig für Sie alle, um den Wert des eigenen Lebens irgendwann wieder zu spüren. Doch dazwischen sind kleine Hoffnungszeichen nötig. Blumen, mitten im Winter. Nur – woher sollen die kommen?

5. Gebet

Gott, in mir ist es finster, aber bei dir ist Licht.
Ich bin einsam, aber du verlässt mich nicht.
Ich bin kleinmütig, aber bei dir ist Hilfe.
Ich bin unruhig, aber bei dir ist Frieden.
In mir ist Bitterkeit, aber bei dir ist Geduld.
Ich verstehe deine Wege nicht,
aber du weißt den rechten Weg für mich.
Ich bin blind vor Trauer,
doch du schickst mir kleine Zeichen der Hoffnung,
inmitten der Kälte der Nacht.
Hilf mir, sie zu erkennen.
(nach Henri Nouwen)

6. Lied: Meine engen Grenzen

7. Bibeltext-Gedanken

Das Wort des Herrn erging an mich: Was siehst du, Jeremia? Ich antwortete: Einen Mandelzweig sehe ich. Da sprach der Herr: Du hast richtig gesehen. Denn ich wache über mein Wort und führe es aus. (Jer 1,11)

Jeremia sieht den Zweig der blüht – mitten im Winter.
Er sieht: Auch der kahle Winter treibt Blüten hervor.
Hoffnung läuten sie dir ins Gemüt:
Nichts muss bleiben, wie es gewesen ist.
Neues steht vor der Tür,
und will letztlich Einlass finden in dein Herz.

8. Instrumental

9. Meditation

Grünes Tuch aufgeschlagen in der Mitte, darauf jeweils senkrecht aufgestellt: brennende Kerze/große gelbe Sonne (aus Pappe)/großes rotes Herz (aus Pappe)/farbiges Bild (soll Fröhlichkeit ausdrücken) – nicht zu fest auf Karton geklebt/4 Vasen mit jeweils einer Blume; im Hintergrund schwarzes und weißes Tuch

Beginn: 30 sec Instrumentalmusik – ruhig, düster

Ein Mann merkte, dass er sterben sollte. Er rief seine Freunde und sagte: „Ich werde sterben. Wenn ich tot bin, bettet mich auf die Bahre und legt mir meine rechte Hand auf die Brust. Meine Mutter wird dann wissen, dass alles mit rechten Dingen zugegangen ist.“ Als der Mann gestorben war, taten die Freunde, worum er sie zuvor gebeten hatte. Dann schickten sie nach seiner Mutter. Sie sah. Dass alles mit rechten Dingen zugegangen war und sagte: „Auf der Erde ist nichts ewig. Was kommt, das geht auch.“

Instrumentalmusik: 20 sec – dann leiser
Kerze ausmachen – Ständer umkippen – beides auf Boden legen

Doch sie sprach noch weiter: „Ich erlaube nicht, dass ihr meinen Sohn begrabt. Ich werde an seinem Kopfende Totenwache halten. Lasst mich mit meinem Sohn allein.“
Und die Leute waren besorgt: „Wie soll das enden, wenn die Mutter nicht erlaubt, den Toten zu begraben?“ Aber sie konnten gegen ihren Willen nichts ausrichten. So bahrten sie den Verstorbenen in einem leeren Zimmer auf. Doch an der Decke hoch über ihm hängten sie einen Korb mit Brot und einen Krug mit Wasser. Dann ließen sie die Mutter allein.

Instrumentalmusik: 30 sec – lauter, leicht dramatisch, dann leiser

„Ich erlaube nicht, dass ihr meinen Sohn begrabt. Lasst mich mit ihm allein.“ Die Tage kamen und gingen. Sie aber bewegte sich nicht mehr. Starre überkam sie. Winterstarre? Gelähmt war sie. Unbeweglich geworden. Unfähig, sich zu regen. Menschen gingen vorbei. Kinder lachten. Hier und da hörte man sogar vereinzelt

Vögel zwitschern. Sie aber nahm nichts wahr. Wollte nichts wahrnehmen. Die Sonne war schwarz geworden. Der Morgen sank träge in den Abend. Fremdheit überkam sie.

Instrumentalmusik: 20 sec – dann leiser
Sonne mit schwarzem Tuch überdecken

Was tue ich hier? Wieso bin ich hergekommen?
Wer bin ich? Was ist das Leben?
Fremdheit überkommt mich.
Fremdheit vor dem Weiterleben.
In diesen Tagen fällt alles in mir zusammen.
Der Tod hat mich ausgehöhlt
– mich und den Tag und den Schlaf und das Gebet.
Die Welt steht still.
Weinen. Aber wie?
Der Tod macht mich stumm.
Ich will ihn begreifen, aber ich nehme ihn nicht an.
Die Welt steht still. Die Sonne ist schwarz geworden.

Instrumentalmusik: 30 sec – lauter, leicht dramatisch, dann leiser

„Auf der Erde ist nichts ewig. Was kommt, das geht. Doch ich erlaube nicht, dass ihr meinen Sohn begrabt."

Sie war allein, obwohl Menschen in ihrer Nähe waren. Da überkam sie der Schmerz, die endlose, ewige Trauer. Sie nahm sich nur noch wahr in der Hingabe an ihren Schmerz. Als ob es keine anderen Menschen mehr gäbe, keine Nächsten, die sie brauchten. Es blieb nur noch Verzweiflung; das Nichts-wahr-haben-wollen.
Und die anderen zogen sich zurück. Da waren keine Stimmen mehr. Die Straßen schienen leer. Ein Warnsignal war sie geworden. Ein Warnsignal der Verzweiflung. Ihr Herz schmerzte in ihrem Leib, als drohte es zu erfrieren.

Instrumentalmusik: 20 sec – dann leiser
Herz mit weißem Tuch überdecken

Gott, ich schreie zu dir. Keine Antwort – nirgends. Die Nacht zerreißt. Sie lässt mich allein mit meiner Sehnsucht, meiner Verzweiflung, meiner Schuld, meiner Auflehnung, meiner Ohnmacht und meiner Verletzung. Wo soll ich mich halten, mein Gott. Blumen hören auf, Ja zu sagen, wenn der Winter mit Schnee den Mund verstopft. Mir ist, als ob die Farben Trauer tragen, die Sonnenwärme mich nicht mehr erreicht. Was deckt dich zu, o Herz, was macht dich krank, was macht dich blind, was macht dich taub für zarten Frühlingswind? Eisiges Nein.

Instrumentalmusik: 30 sec – lauter, leicht dramatisch, dann leiser

Die Tage kamen und gingen. Sie spürte zuerst nur ihren Schmerz. Dann aber kamen die Fragen, das Aufbegehren. Konnte das einfach so sein? Musste es nicht eine Lösung geben, eine einfache Antwort? Wieso einfach hinnehmen was nicht hinzunehmen war? Und brach nicht hier und da eine Blüte auf, ein Licht, zaghafte Gedanken an gemeinsame Zeiten? Hier eine Stimme, dort ein Blick, ein Haarschopf, ein Gesicht: ein Gefängnis voller Erinnerungen. Es quälte sie und machte sie zornig. Sie erhob sich und lief im Raum umher – wie ein Tiger in seinem Käfig. Zorn überkam sie – auf alles, was ihr Schuld erschien an ihrem jetzigen Leid.

Bild zerreißen
Instrumentalmusik: 20 sec – dann leiser

Wieso bist du gegangen? Warum hast du mir das angetan? Wieso hast du mich hier gelassen? Und du, Gott, wer bist du, dass du mich so fallen lässt? Was habe ich getan? Wo sind meine Fehler? Wo ist die Schuld? Die Schuld ist zuverlässiger als die Trauer, eine ewig unbeglichene Rechnung. Sie demütigt und quält. Sie schiebt sich wie ein eisernes Tor vor jeden Lichtblick. Sie lässt das Gute nicht gelten und verhindert das Böse. Sie ist der Wachhund, vielleicht wie der Tod, der ständig lauert.

Nicht wahrgenommen, nicht jene Teile wahrgenommen, die geteilt werden wollten.

Was ich zu deinen Lebzeiten als kleine Unzulänglichkeit empfand, bläht sich nun im Angesicht des Unaufholbaren zu einem Ungeheuer auf: Ich habe keine Chance mehr, dir etwas zuliebe zu tun. Der Tod hat mir die Zeit genommen. Zornig bin ich, weil du gingst. Und schuldig fühle ich mich, weil du nicht mehr da bist.

Instrumentalmusik: 30 sec – lauter, dann leiser

Irgendwann wurde der Blick ruhiger. Er wurde klarer. Sie starrte nicht mehr die Wände an. Ihr Blick ging aus dem Raum nach außen. Dort nahm sie eine kleine Blume wahr, die aus Resten von Schnee sich entwickelte und nach oben kämpfte. Da spürte die Mutter Hunger und Durst. Und diese beiden wurden immer mächtiger. Sie sah den Krug mit Wasser und den Korb mit Brot an der Decke des Raumes hängen. Sie türmte Polster und Decken, alles, was sie hatte, aufeinander, kletterte hinauf und holte Wasser und Brot herunter. Sie aß und trank. Dann öffnete sie die Zimmertür und sagte: „Begrabt meinen Sohn! Das Leben ist stärker als der Tod!"

Blumen hinstellen vor den anderen Symbolen
Instrumentalmusik: 20 sec – dann leiser

Wird einst Schnee die letzte Wärme sein, die uns einhüllt? Nein! Widerstand, Liebe und das Herz, das „Dennoch!" heißt sind Hilfen auf dem Weg voran. Ich glaube wieder, Gott, ich glaube wieder an das Licht. Und ich glaube an das Leben, und dass ich getragen bin. Das ist alles. Nein – manches weiß ich auch: Ich habe erfahren, was aus einem Menschen werden kann, der in seinem Leid wieder zu hoffen beginnt, der diese kleinen Zeichen der Hoffnung zugelassen hat. Etwas wie Wachstum ist geschehen, etwas ist gereift. Offenbar ist es dies: Das Wunder eines neuen Anfangs, das dem Schmerz die Bitterkeit nimmt. Ich habe mich der Trauer ausgesetzt, und etwas wie Verwandlung ist geschehen. Das Leiden ist noch da, gewiss. Und doch sehe ich jetzt weiter. Wie eine kleine

Blüte aus kalter Erde, die von den milden Strahlen der ersten Frühlingssonne berührt wird.

Wie eine kleine Blume im Schnee, wie ein Mandelzweig, der erneut blüht und treibt – Zeichen, dass über den Liebe und Leben bleiben, über den Tod hinaus.
(Geschichte nach: Karin E. Leiter: Ach, wie gut, dass jemand weiß ... Trauerbegleitung mit Märchen, Insbruck–Wien, 1996)

Instrumentalmusik (40 sec – lebhaft, leicht fröhlich, dann aus)

10. Lied: Freunde, dass der Mandelzweig

11. Besinnung
kurze Erläuterung
Meditationsmusik während Besinnung (1 min)

12. Trauerwand
kurze Erläuterung: Zettel / Kerzen zur Trauerwand bringen
Instrumentalmusik während Aktion ruhig

13. Kurzer Text
Keine Nacht dauert ewig.
Keine Finsternis wird für immer bleiben.
Tage werden kommen,
die werden jene ersetzen,
die voller Leid waren.
Wir schauen ihnen entgegen,
wie auf ein Licht,
dessen Teil wir jetzt bereits sind.
Wenn wir die Blumen sehen,
mitten im Winter,
dann ist das Leben nah
und wir spüren:
Hab' Geduld,
unter dieser Last von Schnee und Eis
grünt die Erde schon
– das ist unser Bekenntnis.

14. Lied: Wer nur den lieben Gott lässt walten

15. Vaterunser

16. Einladung / Hinweise

17. Segenstext
Manchmal,
wenn ich es nicht mehr erwarte, Gott,
spüre ich Neues, erfahre ich Neues,
erlebe ich mich neu.
Ich will es annehmen,
obwohl ich es nicht geplant,
nicht gewollt, nicht mehr gesucht habe.
Ich will es annehmen,
auch wenn ich es nicht verstehe,
zweifle, in Frage gestellt bin.

Annehmen will ich dieses Neue,
Sorge tragen, wachsen lassen,
darauf vertrauen, dass es zu mir gehört.
Ich will es annehmen,
und trotz Trauer und Leid
wieder ja sagen zu mir.
Weil ich weiß: Du bist da, Gott,
in den Zeiten des Winters
in den Blumen, die das Eis durchdringen
und im kommenden Frühling,
mit der Milde es frühen Lichtes,
das uns wieder wärmt wie dein Segen.
Segne uns, Gott, du der Vater, der Sohn und der heilige Geist.

18. Lied: Kleines Senfkorn Hoffnung

19. Instrumentalmusik

„Vielleicht wächst aus den Scherben meines Lebens ein neuer Tag"
– Andacht in der Fastenzeit / am Karfreitag –

Gestaltungselemente

- Schwarzes Tuch als Dekorationshintergrund
- Tonscherben in Zahl der erwarteten Besucher (evtl. aus zerbrochenen Blumentöpfen)
- Tonkrug oder ähnlichen Gegenstand zum Zerbrechen
- Blätter und Schreibstifte bereit legen
- Teelichter in genügender Anzahl in Körben
- Geschenk: Mit Worten oder kurzen Sätzen beschriftete Scherben in Zahl der erwarteten Teilnehmer („Liebe", „Hoffnung", „Mut", „Gott ist da", Licht in der Nacht")

Übersicht

1. Gedanken
2. Instrumentalmusik
3. Begrüßung / Einführung
4. Gebet
5. Lied: Hilf, Herr, meines Lebens (Gotteslob, 622)
6. Dialog und kurze Aktion
7. Meditation I
8. Lied: Herr, unser Herr, wie bist du zugegen (Gotteslob 298)
9. Meditation II
10. Besinnung
11. Trauerwand
12. Kurzer Text
13. Vaterunser
14. Einladung / Hinweise
15. Segenstext und Segen
16. Lied: Bewahre uns, Gott, behüte uns, Gott (Erdentöne-Himmelsklang, 110)
17. Instrumentalmusik

Ablauf mit Texten

1. Gedanken

Zerbrochen, zerschellt
in zahllose Stücke,
unreparierbar zersprungen,
zerstört,
Träume: geplatzt,
Wege: versperrt,
Pläne: verweht,
Hoffnungen: zertrümmert.
Scherben bringen Glück...
Glück?
Zerbrochen
in tausend Teile.
Fragmente meines Lebens
ohne Mitte, ohne Sinn.
Scherben meines Lebens ...

2. Instrumentalmusik

3. Begrüßung / Einführung

Brüchig ist unser Leben, wie eine kostbare Vase, die wir in der Hand halten. Im nächsten Moment kann sie uns aus der Hand fallen. Zurück bleiben Zerstörung und Scherben. In dem bekannten Märchen vom „König Drosselbart" sitzt die Königstochter vor den Scherben des Porzellans, das sie verkaufen sollte – ein Bild des Scherbenhaufens ihres Lebens, das so hoffnungsvoll begonnen hat: Ihre Welt ist zerbrochen. Etwas zerbricht und bleibt in Scherben zurück: In Ihnen ist etwas zerbrochen mit dem Tod eines geliebten Menschen. Zurück bleiben einzelne Teile, Stücke, die einmal ein Ganzes ergaben und in der Erinnerung daran traurig stimmen.

4. Gebet

Gott, wende mir dein Ohr zu,
erhöre mich. denn ich bin gebeugt und gebrochen.
Er ist nicht mehr da,

seine Stimme verhallt,
mein Leben zertrümmert,
seine Zärtlichkeit verschwunden.

Tot.

Einsame Nächte.
Endlose Tage.

Warum löschst du das Licht,
das du selbst entzündet,
nimmst mir den Menschen,
den ich liebe.

Wende dich nicht ab von mir,
erhöre mein Flehen,
und zeige mir den Sinn
aus den Brüchen meines Lebens.

5. Lied: Hilf, Herr, meines Lebens
Melodie einmal vorspielen

6. Dialog und kurze Aktion
Schwarzes Tuch im Hintergrund als Dekoration; Körbe mit Scherben bereit halten; Krug zum Zerbrechen im Vordergrund

Ein Gefäß, in das Leben gefüllt wurde – mehr und mehr. Plötzlich zerbricht es. Ein Bild, das der Prophet Jesaja so beschreibt: „Zerbrochen wie der Krug eines Töpfers, den man ohne Erbarmen zerschlägt, so dass sich unter all den Stücken keine Scherbe mehr findet, mit der man Wasser schöpfen kann." (Jes 30,14)

Krug wird zerbrochen
Scherbe nehmen
Dialog:

A: Ich halte diese Scherbe in meiner Hand. Und ich sehe: Sie ist nur noch ein kleiner Teil von etwas, das einmal einen Wert hatte. Sie hat so keine Bedeutung mehr.

B: Sie hat noch eine Bedeutung: Sie kann weh tun, wenn ich sie nicht richtig halte.

A: Von den Bruchstücken lässt sich auf das Ganze schließen, das einmal war. Und das es nicht mehr gibt.

B: Eine Scherbe in meiner Hand.

Wir möchten Ihnen allen jetzt eine Scherbe geben und Sie einladen, diese Scherbe zu betrachten.

Scherben werden verteilt
Instrumentalmusik, während Scherben verteilt werden

7. Meditation I

Beginn mit Text – ohne Musik

Eine Scherbe in meiner Hand. Ein Teil von einem Ganzen. Irgendwann war es auf den Boden gefallen und dort in tausend Stücke zerschellt. Irgendwie wurde es umgeworfen, hat das Gleichgewicht verloren, war etwas geschehen, das es zu Fall gebracht hatte. Glatt und eben ist der kleine Teil, der noch heil ist. Scharf und rau ist der Rand, der entstand, als alles zerbrach. Risse und Unebenheiten werden sichtbar, wo vorher eine Einheit war. Und wie porös es unter der glatten Oberfläche ist – dieser ungeschützte Rest zeigt es erbarmungslos deutlich.

Musik: 30-40 sec

Eine Scherbe in meiner Hand. Sie erinnert mich an mein Leben, an mein Leben mit einem anderen Menschen, an früher, an das, was davon übrig ist. Manchmal denke ich: Mein Leben besteht nur noch aus Scherben: eine um die andere war hinzugekommen. Warum musste das nur geschehen?

max. 20 sec Musik

Eine Scherbe in meiner Hand. Sie erinnert mich an das Vertrauen, die Freundschaft und an die Liebe, die nun zerbrochen ist. Zerbrochen – einfach so. Und jetzt?

max. 20 sec Musik

Eine Scherbe in meiner Hand. Sie erinnert mich an Freude und Hoffnung. Was bleibt davon übrig? Doch andere Fragen tun sich auf: Wie oft fiel früher etwas zu Boden, ohne dass ich es gemerkt habe, zerbrochen – irgendwann? Zu spät, um zu merken, wie brüchig Freude, Hoffnung und Beziehungen sind.

max. 20 sec Musik

Eine Scherbe in meiner Hand. Sie erinnert mich daran, dass Leben heißt, dass etwas Kostbares aus den Händen fallen kann. Wir müssen vieles lassen und hergeben, woran unser Herz hängt, ob wir wollen oder nicht. Aber war ich mir immer bewusst, wie zerbrechlich dieses Leben insgesamt ist – und somit nichts anderes als eine Aneinanderreihung von Bruchstücken?

40 sec Musik, dann aus.

8. Lied: Herr unser Herr, wie bist du zugegen

9. Meditation II
Beginn mit Text – ohne Musik

„Scherben bringen Glück." Wie zynisch dieser Spruch anmutet, wenn ich mir den Trümmerhaufen anschaue, zu dem das Leben werden kann. Das Leben als eine Aneinanderreihung von Bruchstücken, ein brüchiges Ganzes bis eben ein Teil herausbricht. „Wie der Krug eines Töpfers, den man ohne Erbarmen zerschlägt", so haben wir vom Propheten Jesaja gehört.

Es ist auch wie ein Puzzlespiel. Stück für Stück haben wir es als Kinder zusammengesetzt. Und uns gefreut, wenn wir ein passendes Teil gefunden haben und uns geärgert, wenn eines gefehlt hat.

Als das Bild fertig war, wollten wir es hochheben – dabei ist es häufig zerbrochen. Ein Puzzlespiel kann man zusammensetzen und es entsteht wieder dasselbe Bild wie zuvor. Scherben aber lassen sich nicht mehr einfach zusammenfügen. Es bleiben Brüche, Narben, Kerben, Risse. Nie mehr wird etwas so sein, wie es zuvor war.

Das betrifft mein äußeres Leben. Beziehungen, über Jahre gewachsen, sind plötzlich zerbrochen mit dem Tod des geliebten Menschen. Die Teile sind noch irgendwie da, liegen brach vor mir, aber sie ergeben kein Ganzes mehr. Das betrifft mein inneres Leben: Zerbrochen ist in mir ein Bild von Glück, von Dasein, von Hoffnung, von Zukunft. Zerbrochen ist das, was mir Halt und Kraft gab, Orientierung, Wärme. Hilflos fühle ich mich wie ein Gefäß, das auf dem Boden der kalten Wirklichkeit aufgeschlagen ist.

Die Scherben meines Lebens. Sie liegen vor mir. Sie liegen in mir, „so dass sich unter all den Stücken keine Scherbe mehr findet, mit der man Wasser schöpfen kann“. Aber sie sind eben doch Teil meines Lebens. Was auch daraus geworden ist, es sind Teile von mir. Was auch immer ich jetzt bin. Die Scherben meines Lebens – ich muss sie ehrlich anschauen, darf sie nicht unter den Teppich kehren, muss mich dem großen Bruch stellen. Das ist ein erster Schritt. Und alleine komme ich aus dem Scherbenhaufen nicht heraus. Ich brauche Menschen, die mir zur Seite stehen. Ich muss mir auch helfen lassen. Ich brauche Zeiten, die ich nur für mich selbst habe. Ich muss sie mir auch zugestehen.

Das heißt: Meine Scherben anschauen – und sie letztlich Gott hinhalten, Vertrauen einüben, gerade dann, wenn Vertrauen unendlich schwer fällt. Uns so, wie wir sind: gebrochen, zerbrochen, verletzt, vor Gott hinstellen – und auf einen neuen Weg hoffen. Hat nicht Jesaja gesagt: „Stille und Vertrauen verleihen euch Kraft?“

Musik setzt ein, leise, 20 sec, dann im Hintergrund weiter

Irgendwann hat sich dann doch ein Licht am Ende des Tunnels gezeigt. Und eine Idee kam auf, dass aus den Scherben, aus dem

Chaos, etwas Neues entstehen könnte: ein neuer Morgen, ein neuer Tag. Vielleicht wächst aus den Scherben meines Lebens so ein neuer Tag? Mir fällt ein Satz ein, den ich vor langem einmal gehört habe: „Nicht auszudenken, was aus meinem Leben werden kann, wenn ich all die Bruchstücke in Gottes Hand lege..." Und ich erinnere mich an Glasfenster in alten Kirchen. Sie bestehen aus lauter kleinen farbigen Scherben. Kann jemand den einzelnen Glasscherbenhaufen am Boden ansehen, dass aus ihnen einmal solche Kunstwerke werden: Scherben, durch die die Sonne strahlt, zusammengefügt zu einem neuen Ganzen?

Am Ende 40 sec Musik, dann aus

10. Besinnung
kurze Erläuterung
Meditationsmusik während Besinnung

11. Trauerwand
kurze Erläuterung: Zettel / Kerzen nach vorne zur Trauerwand bringen
Instrumentalmusik

12. Kurzer Text
Es gab Zeiten, da dachte ich, Herr, ich bin aus deiner Nähe ausgestoßen. Mein Urvertrauen war aufgelöst in der Angst vor der Ferne: Ferne vom Leben, Ferne von dir. Ich fühlte mich wie ein zerbrochenes Gefäß, das gelernt hatte, trotzdem zu funktionieren, als ob nichts zerbrochen wäre. Doch dann lernte ich vertrauen: Ich, das zerbrochene Gefäß, vertraute dir, Gott, Quelle aller Hoffnung. Mein gebrochenes Herz machst du wieder heil – und lässt es feinfühlig werden für meine Verletzungen und für ein Leben an einem neuen Tag.

13. Vaterunser

14. Einladung / Hinweise

15. Segenstext und Segen
Gesegnet seien alle,
die mir jetzt nicht ausweichen.
Dankbar bin ich für jeden,
der mir einmal zulächelt
und mir seine Hand reicht,
wenn ich mich verlassen fühle.

Gesegnet seien alle,
die mir erlauben,
von dem Verstorbenen zu sprechen.
Ich suche Menschen,
denen ich mitteilen kann,
was mich bewegt.

Gesegnet seien alle,
die mich nicht ändern wollen,
sondern geduldig so annehmen,
wie ich jetzt bin.

Gesegnet seien alle,
die mich trösten und mir zusichern,
dass Gott bei mir ist,
inmitten der Scherben meines Lebens
– jetzt und an jedem Tag, der noch kommt.
So segne uns …
(Marie-Luise Wölfing, in: Denn Sie werden getröstet werden, Droemer-Knaur München 1993)

16. Lied: Bewahre uns, Gott, behüte uns, Gott

17. Instrumentalmusik
beschriftete Scherben werden verteilt

„Wo ein Weg endet, dort beginnt ein Weg“
– Andacht zum Frühjahrsbeginn / April –

Gestaltungselemente

- Schwarzes oder braunes Tuch, als „Weg“ geschlängelt im Vordergrund
- Steine, Sträucher etc als zusätzliche Dekoration auf dem „Weg“
- Wegweiser (Pappschild) mit Aufschrift „Hilfe erfahren“ (auf Gestänge, das von alleine steht) / gefüllter Rucksack /
- Laterne mit brennender Kerze
- Blätter und Schreibstifte bereit legen
- Teelichter in genügender Anzahl in Körben
- Geschenk: kleine „Rucksäckchen“ – Stoffbündel mit Keks, Kerze, Zettel mit Bibelspruch, Kleeblattsymbol

Übersicht

1. Geschichte
2. Instrumentalmusik
3. Begrüßung / Einführung
4. Gebet
5. Lied: Bleib’ bei uns, hilf uns tragen (Erdentöne-Himmelsklang, 84)
6. Bibeltext
7. Instrumental
8. Meditation
9. Lied: Ich möchte, dass einer mit mir geht (Cantate, 188)
10. Besinnung
11. Trauerwand
12. Kurzer Text
13. Lied: Wer nur den lieben Gott lässt walten (Gotteslob, 296)
14. Vaterunser
15. Einladung / Hinweise
16. Segenstext
17. Lied: Wo Menschen sich vergessen (Cantate, 278)
18. Instrumentalmusik

Ablauf mit Texten

1. Geschichte

Ich träumte eines Nachts, ich ging am Meer entlang mit Gott. Und es vor meinen Augen sah ich in Streiflichtern mein Leben. Für jeden Abschnitt, wie mir schien, entdeckte ich im Sand zwei Paar Fußspuren. Die einen waren meine, die anderen die des Herrn. Als das letzte Bild an uns vorbeigeglitten war, sah ich zurück. Ich stellte fest: So manche Male war nur ein Paar Spuren zu sehen. Sie zeichneten die Phasen meines Lebens, an denen es mir schlecht gegangen war. Fragend wandte ich mich an Gott: „Sagtest du nicht, damals, als ich begann, dir zu vertrauen, du würdest immer bei mir sein? Doch in den schlimmsten Stunden meines Lebens sehe ich nur ein Paar Spuren im Sand. Als ich dich so verzweifelt brauchte – warum warst du nicht bei mir?"

(Quelle unbekannt)

2. Instrumentalmusik

3. Begrüßung / Einführung

Welchen Weg sind Sie heute gegangen, als sie hierher kamen? Hierher in die Kirche? Bewusst. Unbewusst. Welche anderen Wege haben sie dabei passiert? Wege bestimmen unser Leben. „Weg" ist ein Bild für Leben – Leben heißt Bewegung. Viele Wege gehen wir jeden Tag. Viele Wege sind wir in unserem Leben gegangen. Manche gehen wir öfters, andere nur einmal. Wege enden plötzlich, gemeinsame Wege. Dann fühlen wir uns wie vor einer Mauer: Ende, Aus. Und doch bleibt im Inneren die Hoffnung, dass sich irgendwo etwas auftut: „Wo ein Weg endet – dort beginnt ein Weg?"

4. Gebet

Gott, Vater, manchmal geht es nicht mehr weiter. Wir fühlen uns überfordert. Am liebsten würden wir einfach stehen bleiben, verwachsen mit dem Boden, mit dem, was war, – denn das, was kommt, macht uns Angst und stimmt uns traurig.

Doch wir wissen: Das Leben geht weiter, gnadenlos. Es hat auch für uns eine Richtung vorgesehen. Doch Unsicherheit prägt unser

Dasein. Wir sehnen uns nach einem Zeichen von dir. Und bleiben doch allein.

Nur bitten können wir dich, in all der Finsternis unserer Gedanken: Bleibe bei uns und stärke unsere Hoffnung, dass du unseren Weg weißt und ihn mit uns gehst.

5. Lied: Bleib' bei uns, hilf uns tragen

6. Bibeltext

Zwei von den Jüngern waren auf dem Weg in ein Dorf namens Emmaus, das etliche Stunden von Jerusalem entfernt ist. Sie sprachen miteinander über all das, was sich ereignet hatte. Während sie redeten und ihre Gedanken austauschten, kam Jesus hinzu. Er ging mit ihnen. Doch sie erkannten ihn nicht. Er fragte sie: „Worüber redet ihr?" Sie blieben traurig stehen. Einer von ihnen antwortete: „Weißt du als Einziger nicht, was in diesen Tagen in Jerusalem geschehen ist?" Er fragte: „Was denn?" Sie antworteten: „Das mit Jesus aus Nazaret. Er war ein großer Prophet vor Gott und dem ganzen Volk. Doch er wurde ans Kreuz geschlagen. Wir aber hatten gehofft, er werde der sein, der Israel erlöst. Aber nicht nur das: Auch einige Frauen aus unserem Kreis haben uns in große Aufregung versetzt. Sie waren in der Frühe beim Grab, fanden aber seinen Leichnam nicht. Als sie zurückkamen, erzählten sie, es seien ihnen Engel erschienen und hätten gesagt, er lebe."

Da sagte Jesus zu ihnen: „Begreift ihr denn nicht? Musste nicht der Messias das alles erleiden, um so in seine Herrlichkeit zu gelangen? „ Und er erklärte ihnen, was in der Schrift über ihn geschrieben steht. So erreichten sie das Dorf. Jesus tat, als wolle er weitergehen. Sie aber drängten ihn und sagten: „Herr, bleibe bei uns, denn es will Abend werden, und der Tag hat sich geneigt." Da ging er mit ihnen hinein um bei ihnen zu bleiben. Und als sie bei Tisch waren, nahm er das Brot, sprach das Dankgebet, brach das Brot und gab es ihnen. Da gingen ihnen die Augen auf, und sie erkannten ihn. Dann sahen sie ihn nicht mehr. Und sie sagten zueinander: „Brannte nicht unser Herz in der Brust, als er unterwegs mit uns redete?" (Lk 24, 13-34)

7. Instrumental (kurz)

8. Meditation

vorne in Form eines Weges geschlängeltes schwarzes oder braunes Tuch, verziert mit Steinen, Sträuchern etc.; im Hintergrund bereit halten: Wegweiser (Pappschild) mit Aufschrift „Hilfe erfahren" (auf Gestänge, das von alleine steht) / gefüllter Rucksack / Laterne mit brennender Kerze

Zwei Menschen gehen auf einem Weg: traurig, niedergeschlagen, erschöpft, ausgebrannt. Sie wissen nicht mehr weiter. Ihre Welt hat sich völlig verändert, von einem Augenblick zum anderen. Allmählich erkennen sie, was das für sie bedeutet. Eine harte, grausame Erkenntnis.

Musik 30 sec

Einen Weg gehen müssen. Und doch irgendwie nicht vom Fleck kommen. Fragen, Zweifeln, Klagen: „Warum?" Akzeptieren müssen mit traurigem Blick. Was bleibt nun aus vergangenen Zeiten: Fotos, kleine Gegenstände – Zeichen eines gelebten Lebens?
Geblieben ist auch die Erinnerung an Zeiten der Hoffnung, an Ängste und Unsicherheiten, an Träume und Phantasien, an Zeiten der gemeinsamen Last, an Zeiten des gemeinsamen Glücks.

Enttäuscht sind die beiden Weggefährten. Alles hat sich verändert: Pläne sind zerschlagen. Welchen Weg sollen wir noch gehen? Wohin? Hat unser Weg nicht sein Ende gefunden? Heißt das: Weglaufen vom Ort des Geschehens, zurück in die Zeit davor, sich verkriechen, dort, woher wir gekommen sind.
Doch plötzlich geschieht etwas. Jemand ist da. Wie lange schon, wer weiß? Wer trauert, nimmt häufig zunächst nicht wahr. Jemand hat sich ihnen angeschlossen. Er interessiert sich für sie. Er lässt sich ihre Geschichte erzählen. Es wird Abend. Da bitten sie: „Lass uns jetzt nicht allein." Wie ein Wegweiser ist er für sie. Er weist in eine Richtung, unbemerkt zunächst, doch sie lernen wieder zu gehen.

Gott, wenn wir nicht mehr weiterwissen, dann schicke uns solche Wegweiser, die uns Worte schenken und ein offenes Ohr, auf unserem schweren Weg.

Musik 30 sec
dabei Wegweiser hinstellen

Wege, Holzwege, Umwege, Sackgassen, Irrwege, Rückwege, neue Wege … Weg ist ein Bild für Hoffnung. Hoffnung aber heißt gerade nicht wissen, was ist, sondern vertrauen auf das, was kommt. Seinen Weg gehen muss jeder selbst, Umwege und Irrwege dabei in Kauf nehmen, und dennoch hoffen, dass am Ende die Richtung stimmt. Ohne Hoffnung fehlt uns die Kraft. Wege bestimmen den Einzelnen und eine Gemeinschaft. Es bedarf des Weggefährten, den jeder braucht auf seinem Weg. Weggefährten geben Orientierung. Weggefährten helfen, Richtung zu finden. Weggefährten sind Wegweiser. Wer den Weg einmal verloren hat, weiß den Wegweiser zu schätzen: Ohne Weggefährten fehlt uns der Mut.

Vielleicht erfahren wir: Wir sind nicht allein, trotz der Einsamkeit, die unsere Seele bedrängt. Vielleicht spüren wir: Menschen nähern sich uns, manchmal unbeholfen, auch kränkend, den Schmerz vergrößernd, aber eben auch solche, die einfach zuhören und begleiten, unsere Wege mit uns gehen, im Alltag, ans Grab, zum Ort unserer persönlichen Trauer. Vielleicht erkennen wir die Menschen, die uns gut tun und die uns verstehen – und lassen sie zu.

Wieder zu Hause. Doch was für ein Zuhause? Ein Weg endet. Es wird Dunkel. Die Trauernden haben ein Ziel erreicht: angekommen – ohne wirklich angekommen zu sein. Doch sie spüren: Der dritte, der plötzlich da war, rührt sie an. Da öffnen sie ihm ihr Haus – und öffnen ihr Herz für ihn.

Der Fremde nimmt das Brot, dankt, teilt. Nun fällt es ihnen wie Schuppen vor den Augen: Sie erkennen: Einer ist da, der will nicht, das unser Weg in der Nacht endet. Der zeigt uns, dass er unser Leben für wertvoll hält. Er hat uns in unserer Verlassenheit aufgesucht. Sein Trost hat unser Herz erreicht. Und er stärkt unseren Blick – er ist wie eine Wegehrung.

Gott, wenn uns nichts mehr anspricht, wenn wir vor Erschöpfung und Traurigkeit zusammenzubrechen drohen, dann schicke uns Menschen, die uns Kraft geben, wie Proviant auf einem schweren Weg. Denn ohne Proviant, ohne Wegzehrung, kann niemand weitergehen.

Musik 30 sec
dabei Rucksack hinstellen

Es gibt Menschen, die verstehen wir erst, wenn wir ihre Geschichte verstehen, wenn wir verstehen, dass ihre Geschichte unsere Geschichte ist. Es gibt Worte von Menschen, die lassen wir erst zu, wenn wir erkennen, dass es unsere Worte sind, die wir selbst noch nicht sagen können, weil wir noch stumm sind. Es gibt Menschen, die uns helfen, wieder aufzustehen und neu zu gehen. Die zeigen, dass Wege, die plötzlich enden, nicht wirklich das Ende sein müssen. Steine liegen vor uns und Hindernisse. Durststrecken müssen wir zurücklegen. Immer wieder werden wir stehen bleiben, zurückschauen, uns nach dem Sinn fragen. Aber dann können wir doch weitergehen, kleine Schritte vielleicht nur, in eine Richtung, die uns noch unbekannt ist.

Eine Alte Geschichte erzählt von einem Rabbi. Er begegnet eines Nachts am Rand der Stadt einem Wächter, der auf und nieder wandelte. Der Rabbi fragt: „Für wen gehst Du?" Der Wächter antwortet: „Ich wache nachts über die Häuser. Das ist mein Auftrag." Dann fragt er zurück: „Und für wen gehst Du?" Der Rabbi sagt: „Noch gehe ich für niemanden." Und schweigend schreitet er lange neben dem Wächter auf und ab. Irgendwann fragt der Rabbi den Wächter: „Willst du mein Diener werden?" Der Wächter antwortet: „Das will ich. Was habe ich zu tun?" Der Rabbi antwortet: „Mich erinnern."

Erinnern an das, was trägt. Hoffen auf das, was zugesagt ist. Vertrauen auf das, was kommt. Den ersten Schritt tun: über die Pfade des Alltags, durch die Sackgassen des Scheiterns, im Labyrinth der Ausweglosigkeit. Gangbare Wege suchen. Neue Wege entdecken. Weggefährten finden, die ein Stück mitgehen und Gott an seiner Seite wissen.

Gott, wenn die uns die Nacht umhüllt und wir den Weg nicht mehr sehen vor lauter Dunkelheit, dann schenke uns Gedanken der Hoffnung. Gib uns die Erinnerung an helle Momente – und an das, was du uns zugesagt hast. Wie ein Licht, das den Weg erleuchtet und uns getröstet weitergehen lässt.

Musik länger – bis zu 50 sec
dabei Laterne mit brennender Kerze hinstellen

9. Lied: Ich möchte, dass einer mit mir geht

10. Besinnung
kurze Erläuterung
Meditationsmusik während Besinnung

11. Trauerwand
kurze Erläuterung: Zettel / Kerzen zur Trauerwand bringen, Instrumentalmusik

12. Kurzer Text
Alles zerbrochen, Träume zerronnen,
Hoffnungen enttäuscht.
Sich verharren in Trauer und Verzweiflung

Sich nur verkriechen, verstecken, nicht nachdenken,
alles ist aus, zu Ende, vorbei.
Doch da kommt das Wort:
Geht – geht weg!
Weg vom Grab
der zerbrochenen Träume.

Geht zurück in den Alltag.
Auf einem neuen Weg.

Und seid gewiss:
Ich gehe vor euch her.
(nach: Sigrid Berg – Biblische Bilder und Symbole erfahren, Calwer Verlag / Kösel-Verlag, Stuttgart-München, 1996)

13. Lied: Wer nur den lieben Gott lässt walten

14. Vaterunser

15. Einladung / Hinweise

16. Segenstext
Aus unseren Wohnungen, Orten, Städten
sind wir unterwegs zu dir, Gott.
Mit vielen trauernden Menschen
sind wir unterwegs zu dir.
Mit unserer Sehnsucht nach unseren Verstorbenen,
sind wir unterwegs zu dir, Gott.
Mit unserer Enttäuschung, Leere und unseren Zweifeln
sind wir unterwegs zu dir.

Mit unserer Dankbarkeit für alles,
was uns Trost bringt,
sind wir unterwegs zu dir, Gott.
Als Getröstete, ohne vertröstet zu werden,
mit neuer Hoffnung, sind wir unterwegs zu dir.

Bleibe bei uns, Herr, auf all unseren Wegen,
unseren Umwegen, Irrwegen, und Holzwegen,
Auswegen und Fluchtwegen.

Bleibe bei uns, Herr, auf allen neuen Wegen,
bleibe bei uns und schenke uns deinen Segen.
Du, Gott, der Vater, der Sohn, der heilige Geist. Amen.

17. Lied: Wo Menschen sich vergessen

18. Instrumentalmusik

„In Tränen und Trauer suche ich deine Augen"
– Andacht im September –

Gestaltungselemente

- Stabile schwarze, senkrecht stehende Plakatfläche im Zentrum
- Poster mit folgenden Motiven: am Boden liegende Figur / hörende Figur / stehende und schreiende Figur / in Ferne oder nach oben blickende Figur (Ernst-Barlach-Motive; evtl. selber fotografieren und stilisiert hochkopieren); Poster müssen so präpariert sein, dass sie sich leicht an die schwarze Wand kleben lassen (beidseitigesd Klebeband)
- Blätter und Schreibstifte bereit legen
- Teelichter in genügender Anzahl in Körben
- Geschenk: Bildkarte mit Segenstext (Motiv: Mensch der einen anderen Menschen umarmt)

Übersicht

1. Text
2. Lied: „Scheu dich nicht zu weinen" (Erdentöne-Himmelsklang, 150)
3. Begrüßung / Einführung
4. Lied: „Wer nur den lieben Gott lässt walten" (Gotteslob 295)
5. Text
6. Instrumental
7. Meditation
8. Lied: „Bewahre uns, Gott"
9. Besinnung
10. Trauerwand
11. Lied: „Meines Herzens Dunkel" 3 x (Erdentöne-Himmelsklang, 21)
12. Text
13. Vaterunser
14. Lied: „Suchen und Fragen" (Erdentöne-Himmelsklang, 152)
15. Einladung / Hinweise
16. Segenstext und Segen
17. Lied: „Komm, Herr, segne uns" (Erdentöne-Himmelsklang, 61)
18. Instrumentalmusik

Ablauf mit Texten

1. Text

In Tränen und Trauer suche ich deine Augen.
In Angst und Enge suche ich deine Augen.
In Arbeit und Mühe suche ich deine Augen.
In Krankheit und Tod suche ich deine Augen.
In Sorge und Kummer suche ich deine Augen.
In Resignation und Nacht suche ich deine Augen.
In allen Abgründen des Lebens suche ich deine Augen.
Ich stürze, und verliere den Boden!
Fang mich auf, abgründiger Gott –
auf dem Grund meiner Seele,
im Meer meiner Tränen.
(Quelle unbekannt)

2. Lied: „Scheu dich nicht zu weinen"

3. Begrüßung / Einführung

Den Blick eines anderen suchen in verzweifelter Situation. „In Tränen und Trauer seine Augen suchen": Das richtet sich ausgerechnet an die Adresse jenes Gottes, der doch diese Tränen zugelassen hat. Sie alle sind heute Abend hier mit all Ihren Selbstzweifeln. Mit all Ihrer Zerrissenheit, – denn wahrscheinlich fühlen sich viele von Ihnen so: zerrissen im Gefühl gegenüber diesem Gott: einerseits ihm zürnen, mit ihm hadern; andererseits ihn suchen, sich an ihm festklammern, Halt finden wollen. Im Alten Testament legt Gott dem Propheten Jesaja einem traurigen Menschen gegenüber den folgenden Satz in den Mund: „Ich habe dein Gebet gehört, ich habe deine Tränen gesehen." Und er macht den Menschen wieder heil. Die Augen eines anderen zu suchen, der vor den Tränen nicht zurückschreckt: Das ist ein erster Schritt auf dem Weg aus hoffnungsloser Traurigkeit.

4. Lied: „Wer nur den lieben Gott lässt walten"

5. Text

Wohin soll ich fliehen,
wenn nicht zu dir?
Nichts mehr bin ich als Schmerz.
Keine Worte habe ich mehr, nur Tränen.
Herr, ich habe ein verzweifeltes Verlangen danach,
getröstet zu werden.
Niemand ist da, der meine Hand hält,
in dessen Armen ich mich bergen kann,
bei dem ich weinen kann,
der mir Trost zuspricht.

Herr, ich habe gelernt,
dass du mir Zuflucht sein willst,
aber es ist nur ein Wissen des Verstandes.
Mein Herz aber fasst es nicht.

Lass mich deine Nähe erfahren
wie die Nähe eines geliebten Menschen.
Birg mich, Herr, an deinem Herzen. Amen.

(Nach: Sabine Naegeli: Du hast mein Dunkel geteilt, Verlag Herder, Freiburg / Breisgau, 1995)

6. Instrumental

7. Meditation

Stabile schwarze, senkrecht stehende Plakatfläche im Zentrum; im Hintergrund in entsprechender Reihenfolge bereit legen: jeweiliges Poster mit Motiv am Boden liegender Figur / hörende Figur / stehende und schreiende Figur / in Ferne oder nach oben blickende Figur

Als er mit seinen Jüngern und einer großen Menschenmenge Jericho verließ, saß an der Straße ein blinder Bettler. Sobald er hörte, dass es Jesus von Nazaret war, rief er laut: Sohn Davids, Jesus, hab' Erbarmen mit mir! Viele wurden ärgerlich und befahlen ihm zu schweigen. Er aber schrie noch viel lauter: Sohn Davids, hab' Erbarmen mit mir! Jesus blieb stehen. Er sagte: Ruft ihn her! Sie riefen den Blinden und sagten: Hab' Mut, steh auf, er ruft dich. Da warf er seinen Mantel weg, sprang auf und lief auf Jesus zu. Und Jesus fragte ihn: Was soll ich dir tun?

Ganz leise Musik im Hintergrund des Textes

Der Blinde antwortete: Ich will wieder sehen können. Da sagte Jesus: Geh! Dein Glaube hat dir geholfen. Im gleichen Augenblick konnte er wieder sehen, und er folgte Jesus auf seinem Weg.
(nach Mk 10,46)

Musik lauter – 20 sec, dann leiser, dann aus

Mein Blick ist verstellt. Tränen versiegeln meine Augen. Kein Tag und keine Nacht nehmen Rücksicht. Routine prägt mein Leben. Als wäre nichts geschehen. Nichts geschehen?

Ich kenne jeden Handgriff. Jeden Schritt. Ich weiß um die Unebenheiten auf meinem Weg. Nur meine Gedanken sind woanders – bei dem Menschen, der nicht mehr da ist. Bei dem Schicksal, das mich geschlagen hat. Bei der Frage, die nicht beantwortet wird: „Hätte ich nicht, könnte ich nicht …" Neue Tränen schießen mir in die Augen. Ich achte nicht auf Menschen, nicht auf Dinge um mich, nehme flüchtig nur wahr, was neben mir geschieht.

Musik – 20 sec, dann leiser, dann aus
Dazwischen: 1. Poster an schwarze Wand kleben: Figur, die am Boden liegt

Ich funktioniere, ja, aber viel leisten kann ich nicht mehr. Bin eine äußere Hülle. Ohne Kraft, voller Furcht. Wohin sind all die Pläne und Träume?
Ich bin wie ein Bettler, der auf Almosen hofft, auf irgendwas, das ihm zugeworfen wird: reagieren, nicht mehr agieren. Meine Hoffnungen sind zerstoben. Mein Blick ist stumpf.

Musik, 20 sec, dann leiser, dann aus

Welch ein Leben ist das! Es verläuft zwischen dem grauen Morgen und der finsteren Nacht. Wozu noch aufschauen, wenn nichts mehr den Blick lohnt. Jeden Tag das Gleiche: kein Gedanke zur Veränderung, keine Hoffnung auf Rettung, auf eine Wendung, auf Licht, auf Sehen, Trauer als ständiger Begleiter. Doch wozu auch sehen. Ich will nichts mehr sehen, nicht mehr nachdenken. Ich habe mich gewöhnt an das, an was ich mich nie gewöhnen kann, – um die Gedanken zu verdrängen.

Musik, 20 sec, dann leiser, dann aus
Dazwischen: 2. Poster an Wand kleben: Figur, die aufhorcht

Und dann höre ich plötzlich: Da ist einer, der Verzweifelten helfen kann, der Kranke heil macht und Blinde sehend. Es macht mich aggressiv und neugierig. Ein anderes Leben soll er geben, heißt es, neue Möglichkeiten erschließen, neuen Sinn.
Aber doch nicht mir! Ich bin schon zu weit unten, innerlich abgestorben. Und doch regt sich etwas in mir. Vielleicht, vielleicht gibt es Hoffnung. Vielleicht eine Antwort auf meine Fragen, meine Ängste. Ich spüre, etwas regt sich ganz allmählich. Ist doch nicht alles tot in mir?

Musik (lebendiger), 20 sec, dann leiser, dann aus

Er ist hier. Er kommt vorbei, hier, bei mir. Da bricht etwas auf. Da wird der Wunsch riesengroß. Da wächst eine Sehnsucht heran: Jetzt bloß diesen Augenblick des Vorübergehens nicht einfach verstreichen lassen, nicht wieder sitzen bleiben und nur reagieren, nicht mehr den Alltag der Trostlosigkeit herrschen lassen. Angst ist da, ja, aber nun ist es die Angst, diese Chance verstreichen zu lassen. Tränen schießen mir in die Augen, wieder und wieder. Etwas löst sich. Verbitterung löst sich und sucht sich ihren Lauf. Traurigkeit bleibt, gewiss, aber sie ist anders als zuvor. Sie sucht nach Lösung.

Musik (lebhafter), 20 sec, dann leiser, dann aus
Dazwischen: 3. Poster kleben: Figur, die steht und schreit

Wenn ich auch nichts sehe. Wenn ich auch nichts verstehe. Ich kann rufen, schreien, lauter und lauter. Einmal muss es heraus: der Frust, die Verzweiflung und die fast schon vergessene Hoffnung, und das Gefühl, das noch Leben da ist. Schreien möchte ich, um gehört zu werden.

Mich frei kämpfen will ich aus der Lähmung, um neue Schritte zu gehen, Schreien gegen den Willen der anderen, die keine Störung wollen, für die ich funktionieren soll. Als wäre nichts geschehen. Nichts geschehen? Ich weiß, dass alles sich verändert hat. Das nie mehr ist, was war. Und ich schreie es heraus. Nicht mehr aus Verzweiflung – aus Hoffnung! Denn nun spür' ich den Hauch der Veränderung mit diesem Ausbruch.

Musik (lebhaft), 20 sec, dann leiser, dann aus

Ich weiß, dass ich Hilfe brauche. Hände ergreifen mich, richten mich auf. Ich lasse alles fallen: Stock, Mantel, Lasten. Ich möchte sehen, schreie ich, endlich wieder sehen; den Mut haben, zu sehen, um wieder gehen zu können, ohne Angst, zu fallen, ohne die Last der Dunkelheit um mich, ohne die Vergessenheit der Farben und der Buntheit des Lebens.

Musik (euphorisch), 20 sec, dann leiser, dann aus
Dazwischen: 4. Poster kleben: Figur, die schaut

Noch einmal zweifle ich: Habe ich das Recht? Geht das nicht zu schnell? Was heißt „sehen"? Vergangenes wird in einem neuen Blick erscheinen. Routine wird sich verändern. Gewohntes wird erschüttert werden. Will ich das wirklich? Doch dann sehe ich. Ich sehe wirklich: Ich sehe in die Augen des anderen, durch Tränen und Trauer hindurch. Ich wollte sehend werden. Und es geschah: „Ich habe dein Gebet gehört, ich habe deine Tränen gesehen."

Musik(optimistisch), 20 sec, dann leiser, dann aus

Die Augen eines anderen suchen, der vor den Tränen nicht zurückweicht: das ist ein Schritt auf dem Weg aus der Hoffnungslosigkeit, ein Schritt auf dem Weg zur Heilung: Schauen – erkennen, Durchleiden, Durchstehen, Hinterhersehen und vielleicht einmal verstehen.

Der Weg voller Tränen, Verzweiflung und Angst, der Weg, den ich nicht gehen wollte, wird zum Anfang neuer Erfahrung, Begegnung und Möglichkeit. Ich kann sehen und begreifen, was unbegreiflich, dunkel, sinnlos; in neuem Licht verstehen und annehmen – und kann wieder gehen.

Musik (hell), 30 sec, dann leiser, dann aus

8. Lied: „Bewahre uns, Gott“

9. Besinnung
kurze Erläuterung
Meditationsmusik während Besinnung

10. Trauerwand
kurze Erläuterung: Zettel / Kerzen zur Trauerwand bringen
Instrumentalmusik

11. Lied: „Meines Herzens Dunkel“ (3x)

12. Text
Ohne Trost kannst du nicht leben.
Trost ist aber nichts, was dich vorübergehend betäubt
Und dich dann hineinstürzt
In eine noch schwärzere Nacht.
Trost ist keine Flut leerer Worte.
Trost ist wie eine lindernde Salbe
Auf eine schmerzende Wunde.
Trost ist wie eine unverhoffte Oase
In einer unbarmherzigen Wüste.
Trost ist wie ein gütiges Gesicht in deiner Nähe
Von jemandem, der deine Tränen versteht.
(Phil Bosmans in: Die Nacht wird nicht ewig dauern, Hrsg.: Wolfgang Brinkel, Neukirchener Verlagshaus, Neukirchen-Vluyn, 2003)

13. Vaterunser

14. Lied: „Suchen und Fragen“

15. Einladung / Hinweise

16. Segenstext und Segen
Ich suche Dich Gott,
bis meine Füße aufgetragen sind
und meine Tränen getrocknet sind
von der Wärme deiner Gegenwart.

Ich rufe nach Dir,
bis mein Klagen die Wolken aufreißt
und mein verzweifelnder Blick von dir aufgefangen wird.

Durch Welten über Welten flüchte ich zu dir hin.
In deinem Schatten berge ich mich
und halte mich fest am Saum deiner Barmherzigkeit.
Und ehe du mich nicht segnest,
lasse ich dich nicht ziehen.

So neige uns dein Angesicht zu, Gott,
richte uns auf mit deinem zärtlichen Blick,
und segne uns:
Du, der Vater, der Sohn, der Heilige Geist. Amen.

17. Lied: „Komm, Herr, segne uns“

18. Instrumentalmusik

„... denn der Tag hat sich geneigt und es will Abend werden"
– Andacht im Herbst / Oktober –

Gestaltungselemente
- Leinwand
- Dia-Projektor, OVH oder Video-Beamer
- Dias, Folien oder Diskette mit vier verschiedenen Sonnenuntergangs-Motiven: Rötlich gefärbte Wolken/Untergehende Sonne über Feld oder Wiese / Untergehende Sonne über Gewässer / Allgemeines Dämmerungsbild
- Blätter und Schreibstifte bereit legen
- Teelichter in genügender Anzahl in Körben bereit halten
- Sonnenuntergangsmotiv mit Gebetstext aus Andacht und
- Kleiner Kerze

Übersicht
1. Instrumentalmusik
2. Gedanken
3. Instrumentalmusik
4. Begrüßung / Einführung
5. Lied: Meine Zeit steht in deinen Händen (Erdentöne-Himmelsklang,121)
6. Gebet
7. Instrumentalmusik (1 min – ruhig)
8. Meditation
9. Lied: Von guten Mächten (Erdentöne-Himmelsklang, 123)
10. Besinnung
11. Trauerwand
12. Kurzer Text
13. Vaterunser
14. Lied: Herr, dir ist nichts verborgen (Gotteslob, 292)
15. Einladung / Hinweise
16. Segenstext
17. Lied: Komm, Herr, segne uns (Gotteslob, 995)
18. Instrumentalmusik

Ablauf mit Texten

1. Instrumentalmusik

2. Gedanken

Die Dunkelheit ertragen und zulassen können …,
die durchweinten Nächte und grauen Tage,
die Müdigkeit, die hinabziehen will,
in die ewige Nacht.

(Christa Spilling-Nöker, in: Liebe das Leben, Ermutigungen, © Verlag am Eschbach der Schwabenverlag AG, Eschbach [2]2004, Auszug)

Und für einen Augenblick
in die Ferne träumen
über dem Jetzt
die Dämmerung erspüren
in die kommende Nacht lauschen
sich dem Wind überlassen
ohne klare Erkenntnis
und ohne Angst
und Trauer

Für einen Augenblick
den inneren Lärm überhören
die Sorgen loslassen
die Traurigkeit sich selbst überlassen
die Sehnsucht mit den Wolken ziehen lassen
Für einen Augenblick alles vergessen

(Margot Bickel, Anselm Spring, Jede Nacht birgt einen Stern, Pattloch Verlag, Augsburg, 1998)

3. Instrumentalmusik

4. Begrüßung / Einführung

„… denn der Tag hat sich geneigt und es will Abend werden.“ – Dieser Satz gehört zu einer der schönsten Stellen im Evangelium. Vorausgegangen war dem eine Szene der Traurigkeit und inneren Finsternis, die sich urplötzlich in Licht verwandelte. Was war geschehen: Zu den Trauernden hat sich eine dritte Person gesellt. Und die hat Worte, die den Trauernden bis in ihre wunde Seele gehen, gerade rechtzeitig zum Abend, der mit seiner Ruhe allerlei Gedanken aufkommen lässt, die belasten können. Hier aber geht es darum, Gedanken gerade bewusst zuzulassen – in einer Atmosphäre, die Raum für neue, hellere Gedanken schaffen will – Gedanken, die über den Abend und über die Nacht hinaus bereits etwas vom Morgen spüren lassen.

5. Lied: Meine Zeit steht in deinen Händen

6. Gebet
Bleibe bei uns, Herr,
denn es will Abend werden,
und der Tag hat sich geneigt.
Bleibe bei uns und bei allen, die dich suchen.
Bleibe bei uns am Abend des Tages,
am Abend des Lebens, am Abend der Welt.
Bleibe bei uns mit deiner Güte,
mit deinem Wort und Zeichen,
mit deinem Trost und Segen.
Bleibe bei uns, wenn über uns
die Nacht der Trübsal und Angst kommt,
die Nacht des Zweifels und der Anfechtung,
die Nacht des bitteren Todes.
Bleibe bei uns zu allen Zeiten.

7. Instrumentalmusik

8. Meditation

Licht in den Gängen aus

Denn der Tag hat sich geneigt – und es will Abend werden.
Der Tag hat sich geneigt – und nichts wird sein, wie es war.
Der Tag hat sich geneigt – und will der Dunkelheit Platz machen.

1. Dia: Rötlich gefärbte Wolken
ca. 40 sec Instrumentalmusik

Sonne vergeht und lässt ihre roten Schatten zurück,
in den Wolken, die sich am Himmel spiegeln.
Sonne vergeht und lässt einen letzten Hauch ihrer Kraft erahnen,
flammt noch einmal auf im milden Licht,
wie eine Kerze, die bald erlöscht, wie ein Mensch, der bald stirbt,
doch zuvor noch einmal den Rest Leben greift,
mit all der Kraft, die noch bleibt …
War es nicht so, als er gegangen ist?
Die Sonne warf ihre Strahlen zum Fenster hinein,
bald mischten sich Schatten dazwischen.
Schön war das Licht, golden und rötlich, als es Abend wurde.
Himmlisch und melancholisch:
Einen Spaltbreit bereits öffnete sich der Himmel
– und ließ den Blick erahnen, in die andere Welt.

Herr, ich denke an die vergangenen Tage,
sinne nach über all deine Taten,
erwäge das Werk deiner Hände.
Ich breite die Hände aus zu dir.
Meine Seele dürstet nach dir wie lechzendes Land.
Erhöre mich bald, denn mein Geist wird müde.
Zeige mir den Weg, den ich gehen soll.
Denn meine Seele erhebt sich zu dir. (Psalm 143)

ca. 40 sec Instrumentalmusik – ruhig
2. Dia: Untergehende Sonne über einem Feld / einer Wiese

Aussäen und ernten – das Feld bestellen, die Früchte bergen.
Noch einmal zurückdenken an die Zeiten der Saat.
Noch einmal spüren den Geschmack der Luft.
Das Gefühl zulassen: da war etwas,
das aus Kleinem Großes machen konnte.
Noch einmal genießen, die letzten Wärmestrahlen am Abend,
den Abschiedsgruß des hellen Tages,
das Zeichen der kommenden Nacht,

den friedlichen Atem des Lebens,
der bleibt, auch wenn es dunkel ist.

Frieden. Ruhe?
Als es dunkel wurde, als die Nacht anbrach, da war Ruhe.
Eine friedlose Ruhe.
Starre herrschte. Angst. Längst war es Abend.
In mir aber war Nacht.
Eine Nacht des Entsetzens.
Kein warmer Hauch mehr vom späten Sommerabend
– nur die Kälte einer Herbstnacht voller Nebel.

Eigentlich möchte ich dir zurufen, dir erzählen...
Und vielleicht doch nicht erzählen, nur deine Stimme hören.
Aber ich habe Angst, meine Worte erreichen dich nicht,
mein Schweigen zerschellt an dir.
Ich habe Angst, vor dem, was du sagen könntest, -
wenn du es noch sagen könntest. Ich habe Angst,
besonders vor dem, was du nicht sagst – dass du nichts mehr sagst.

Aus der Tiefe rufe ich zu dir, Herr, höre meine Stimme!
Wende dein Ohr mir zu, achte auf mein lautes Flehen.
Meine Seele wartet auf dich, Herr, mehr als die Wächter auf den Morgen.

ca. 40 sec Instrumentalmusik – ruhig
3. Dia: Untergehende Sonne über Gewässer

Rot spiegelt sich die Sonne im Wasser, ehe sie darin untergeht.
Ruhig ist das Meer, in die gütigen Farben des warmen Abends getaucht,
als hätte es nie Stürme gegeben, nie das Brausen der Wellen,
die für Momente den Blick freigeben in die Abgründe der Untiefen.

Wie friedlich alles ist, voller Harmonie. Ein rundes Bild aller Zeiten,
eingefasst in dieser einen Zeit, diesem einen Augenblick.
Jetzt bleiben können, hier verweilen und nie mehr weggehen.

Den Augenblick festhalten. Die schweren Zeiten davor vergessen.
Die Furcht vor Künftigem stehen lassen.
Die wichtigste Zeit im Leben ist der Augenblick,
nur über ihn haben wir Gewalt.
Hätte ich den Augenblick mehr genutzt!
Und trotzdem bleibt er mir in Erinnerung.
Der kurze Frieden zwischen den Zeiten.
Ganz zuletzt, als ich die tote Hand hielt, wie die eines Schlafenden.
Für Momente waren die Zeiten zusammengefügt
in diesem Bild der Ruhe.
Und alle Stürme davor und danach,
verschwammen zwischen Himmel und Meer.

Etwas in mir wartet auf dich, immer noch, immer wieder.
Etwas in mir vergisst dich nicht, denkt an dich, hofft auf dich.
Etwas in mir brennt für dich, leuchtet für dich in der Dunkelheit.

Vielleicht finden wir wieder zusammen.
Doch bis dahin mögen die Augenblicke des Friedens
unser gemeinsamer Ankerpunkt sein.

Im Verborgenen, im Schweigen, im Dunkel der Nacht,
bist du, Gott, häufig näher, spürbarer erahnbarer
als im hellen Licht des Tages.

Der Abend deckt allmählich zu, – doch du, Gott, deckst auf:
meine Gefühle, meine Gedanken, meine Wahrheit, meine Wirklichkeit.
Begegnung in der Dämmerung, am Abend, in der Nacht,
mit dir, verborgener Gott.

Der Tag hat sich geneigt – und nichts wird sein, wie es war.
Der Tag hat sich geneigt – und will der Dunkelheit Platz machen.

Meine Seele wurde ruhig,
wie ein kleines Kind bei der Mutter ist meine Seele still in mir:
Der Tag hat sich geneigt, und es will Abend werden.
Bleibe bei uns, Herr.

ca. 1 min Instrumentalmusik
4. Dia: Allgemeines Sonnenuntergangs- / Dämmerungsbild
Licht in den Bankreihen wieder an

9. Lied: Von guten Mächten

10. Besinnung
kurze Erläuterung
Meditationsmusik während Besinnung

11. Trauerwand
Zettel / Kerzen nach vorne zur Trauerwand bringen
Instrumentalmusik

12. Kurzer Text
… und obwohl ich nicht weiß,
wohin ich gehe,
grüße ich dich,
Abschied nehmen,
Abschied von dir,
von mir,
die ich war.
Noch weiß ich nicht,
wer ich sein werde,
aber sein, das möchte ich schon,
und ich wünsch dir dasselbe.
(Ingrid Isermann, in: Denn sie werden getröstet werden, Kösel Verlag, München 1993)

13. Vaterunser

14. Lied: Herr, dir ist nichts verborgen

15. Einladung / Hinweise

16. Segenstext
Gott, du Sonne des Tages und Stern in der Nacht,
segne uns, dass wir nach all der Anstrengung
und all der Verzweiflung zur Ruhe kommen.

Gott, behüte uns, dass wir uns in allem,
was uns an Ängsten umtreibt, getragen wissen.
Lasse dein Angesicht über uns leuchten,
dass wir in dem, was uns heute noch aussichtslos erscheint,
morgen wieder einen neuen Weg erkennen.

Gott, sei uns gnädig,
dass unsere Erschöpfung neuer Zuversicht weicht
und die Hoffnung wieder aufblüht in uns.
Erhebe dein Angesicht auf uns,
dass wir getrost durch die Nacht gehen – hin zu einem neuen Tag.

Gib uns Kraft, Frieden und Ruhe, Gott,
dass wir unser Leben annehmen können,
so, wie es ist.
Und schenke uns deinen Segen.

17. Lied: Komm, Herr, segne uns

18. Instrumentalmusik

„Ich werfe meinen Schrei zum Himmel – er kommt als Lied zurück"

– Andacht im November –

Gestaltungselemente

- Farbige Tücher: hellblaues Tuch („Himmel"), dunkelblaues Tuch („Meer"), braunes Tuch („Wüste"), grünes Tuch („Berg"), schwarzes Tuch (evtl mehrere), gelbes Tuch (mehrere)
- Blätter und Schreibstifte bereit legen
- Teelichter in genügender Anzahl in Körben bereit halten
- Geschenk: Bild-Textkarte mit Tagesspruch: „Ich werfe meinen Schrei …"

Übersicht

1. Instrumentalmusik
2. Gedanken
3. Instrumentalmusik
4. Begrüßung / Einführung
5. Gebet
6. Instrumental
7. Lied: Meine engen Grenzen (Cantate 3)
8. Bibeltext-Gedanken
9. Meditation
10. Lied: Meine Hoffnung und meine Stärke (Taizee-Lied)
11. Besinnung
12. Trauerwand
13. Kurzer Text
14. Lied: Selig seid ihr (Cantate 271)
15. Vaterunser
16. Einladung / Hinweise
17. Segenstext
18. Lied: Bewahre uns, Gott (Erdentöne – Himmelsklang 110)
19. Instrumentalmusik

Ablauf

1. Instrumentalmusik
meditativ-ruhig

2. Gedanken
Was hilft? Weinen, weil der von uns gegangen ist, den wir geliebt haben, der in unserer Nähe Licht und Freude verbreitet hat. Weil uns der Schmerz das Herz zusammenzieht – ein Schmerz, der bei uns ein und aus geht, wie ein Gast, der kommt und geht.

Schreien, auch, wenn es jemand hört. Wer versteht denn wohl nicht meinen Zorn über das Unrecht, das uns getroffen hat. Wenn wir wütend sind auf Gott, der das zugelassen oder gewollt hat... Auch verstummen hilft, wenn sich zeigt, dass andere uns nicht verstehen, wenn wir zum Reden zu müde sind oder auf grausame Weise Schuldgefühle sich einstellen. Eines Tages wird es vielleicht nicht mehr so wichtig sein, zu weinen oder zu schreien. Aber jetzt soll es uns niemand verwehren.

(Manfred Baumotte, in: Du sollst getröstet werden, © Gütersloher Verlagshaus GmbH, Gütersloh)

3. Instrumentalmusik
geheimnisvoll, ruhig – ca. 1 min

4. Begrüßung / Einführung
„Ich werfe meinen Schrei zum Himmel – er kommt als Lied zurück“, haben wir diese Andacht genannt – doch nach Singen ist den wenigsten von ihnen wohl zumute. Ein Schriftsteller hat in einem Roman einmal folgenden Satz geschrieben: „Das Dumme am Tod ist nicht, dass er die Zukunft verändert, sondern, dass er uns mit unseren Erinnerungen allein zurücklässt.“ Da ist was dran: Wer durch den Tod betroffen ist, dem bleiben nur noch die Erinnerungen, Gedanken, Gefühle. Und jede Erinnerung reißt einen erneut in ein Loch zurück, aus dem man eigentlich glaubt, allmählich herausgekommen zu sein. Mit ihrer Traurigkeit und ihrer Verzweiflung sind sie hierher gekommen, mit Ihrer Angst, ihrem Zorn, ihren Selbstzweifeln. Hier, an diesem Ort, ist dies nicht nur zugelassen, es ist auch das Thema. Ihr Thema.

5. Gebet
In einem Meer von Tränen
versinke ich, Gott.
In einem Abgrund von Trauer
falle ich, Gott.
Und ich hoffe,
dass auf dem Boden des ewigen Meeres
das Leben ist
und in der Tiefe des Abgrunds
du selbst.
(Anton Rotzetter, Quelle unbekannt)

6. Instrumental
ca. 40 sec

7. Lied: Meine engen Grenzen
Melodie einmal vorspielen

8. Bibeltext-Gedanken
Herr, du hast mich erforscht und du kennst mich. Ob ich sitze oder stehe, du weißt von mir. Von fern erkennst du meine Gedanken. Ob ich gehe oder ruhe, es ist dir bekannt. Du bist vertraut mit all meinen Wegen. Noch liegt mir das Wort nicht auf der Zunge – du Herr, kennst es bereits. Du umschließt mich von allen Seiten und legst deine Hand auf mich.

Wohin könnte ich fliehen vor deinem Geist, wohin mich vor deinem Angesicht flüchten? Steige ich hinauf in den Himmel, so bist du dort, bette ich mich in der Unterwelt, bist du zugegen. Nehme ich die Flügel des Morgenrots und lasse mich nieder am äußersten Meer, auch dort wird deine Hand mich ergreifen und deine Rechte mich fassen. (Ps 139)

9. Meditation
Aufbau vorne: Hellblaues Tuch senkrecht herunterhängend als „Himmel", davor als „Berg" mit grünem Tuch überhängte Kisten bzw. Stuhl, davor am Boden braunes Tuch („Wüste") und dunkelblaues Tuch („Meer"); großes schwarzes und gelbes bzw. mehrere schwarze Tücher sowie gelbe Tücher liegen an der Seite bereit, um

damit in einem Vorgang oben genannte Tücher zu überdecken
Beginn mit ca. 30 sec Instrumentalmusik – ruhig
Text beginnt, Musik leise weiter …

Ich werfe meinen Schrei hinaus aufs Meer,
die Wellen spülen ihn zurück.
Ich rufe meinen Schrei in die Wüste,
der Sandsturm trägt ihn zurück.
Ich trage meinen Schrei auf den Berg,
das Echo bringt ihn zurück.

Musik klingt allmählich aus.

Als du starbst, verlor ich meine Neugier.
Jemand wie du wird mir nicht mehr begegnen.
Auf wen sollte ich warten? *

Sei mir gnädig Herr, Sei mir gnädig,
denn ich flüchte zu dir.
Im Schatten deiner Flügel finde ich Zuflucht,
bis das Unheil vorübergeht.

Fliehen möchte ich, doch ich weiß nicht, wohin.
Schreien möchte ich, irgendwas.
Doch ich weiß nicht, zu wem.
Es kann nicht sein. Die Welt hat sich verändert,
als ob der Mond vom Himmel gefallen wäre,
als ob die Sonne ihre Strahlen verloren hätte.

Ich rufe zu Gott dem Höchsten:
Gott, sende Deine Huld und Treue.

Doch alles bleibt stumm.
Die Welt hat sich verändert.
In mir tobt es wie ein aufgewühltes Meer,
doch außen ist alles still, totenstill.
Würde ich die Flügel des Morgenrots nehmen

und wende mich ans äußerste Meer
– fände ich dort Hilfe?

So werfe ich meinen Schrei hinaus aufs Meer,
– die Wellen aber spülen ihn zurück.

Ca. 30 sec Instrumentalmusik („Schrei“)
schwarzes Tuch über „Meer“ legen

Als du starbst, verlor ich meine Unbefangenheit,
diesen Glauben an: Es wird schon wieder.
Schrieb sich in meine Haut:
Nie wird es wieder!*

Herr, höre mein Gebet,
vernimm mein Flehen,
in deiner Treue erhöre mich, in deiner Gerechtigkeit ...
Mein Geist verzagt in mir, mir erstarrt das Herz in der Brust.

Ich denke an die vergangenen Tage,
erwäge das Werk deiner Hände.
Ich breite die Hände aus und bete zu dir.
Meine Seele dürstet nach dir wie lechzendes Land.

Herr, erhöre mich bald, denn mein Geist wird müde.
Verbirg dein Antlitz nicht vor mir,
damit ich nicht werde wie die Menschen,
die längst begraben sind.

Ruhe brauche ich, Frieden,
denn in mir tobt ein Kampf der Gefühle.
Worte von außen gehen an mir vorbei,
werden mir zur Last,
wecken Erinnerungen, die unerträglich sind.

Orte der Leere, in denen nichts ist, was mich bindet
– könnten die mir helfen?

Eine Zeit lang sich zurückziehen in die Wüste,
die Kargheit wählen,
dem Treiben des Lebens den Rücken kehren.

Doch die Welt hat sich verändert:
Nichts ist mehr, wie es war.

Wohl rufe ich meinen Schrei in die Wüste -
der Sandsturm aber trägt ihn zurück.

Ca. 30 sec Instrumentalmusik
schwarzes Tuch über „Wüste“ legen

Als du starbst,
verlor ich meine Jugend,
beugte sich mein Körper,
wuchs der Erde entgegen.
Der Frühling verlor seinen Duft des Neuen,
der Sommer den Geschmack des Lebens.*

Mein Gott, warum hast du mich verlassen,
bist fern meinem Schreien, den Worten meiner Klage?
Mein Gott, ich rufe bei Tag, doch du gibst keine Antwort.
Ich rufe bei Nacht und finde doch keine Ruhe...
Ich bin hingeschüttet wie Wasser,
gelöst haben sich alle meine Glieder.
Mein Herz ist in meinem Leib wie Wachs zerflossen.
Meine Kehle ist trocken wie eine Scherbe,
die Zunge klebt mir am Gaumen.
Du legst mich in den Staub des Todes. (Psalm 22)

Von der tiefsten Tiefe zur höchsten Höhe möchte ich gehen.
Die Ebene endlich verlassen
und den Blick über mein Leben zurückgewinnen,
die Klarheit der Weite wahrnehmen.
Manchmal gelingt es mir, Zusammenhänge zu erkennen.
Ich schaue zurück ohne Schmerz.
Sehe den Weg, den ich inzwischen schon gegangen bin.

Die Höhen erklimmen. Ihren Ausblick nutzen.
Wie von einem Berg herab den tristen Alltag
klein erscheinen lassen ...

Nur bleibt mir eben bewusst,
dass nichts ist wie es sein soll:
Die Sonne hat ihre Strahlen verloren,
der Mond sein Leuchten in der Nacht.

Zwar trage ich meinen Schrei auf den Berg –
doch das Echo bringt ihn zurück.

Ca. 30 sec Instrumentalmusik
schwarzes Tuch über „Berg“ legen

Als du starbst, verlor ich meine Ängste.
Jeden Tag nehme ich wie meinen letzten.
Schlafe abends ein mit meinen kargen Träumen.*

Der Herr hat mein lautes Flehen gehört
und sein Ohr mir zugeneigt,
an dem Tag, als ich zu ihm rief.
Mich umfingen die Fesseln des Todes,
mich befielen die Ängste der Unterwelt,
mich trafen Bedrängnis und Kummer.
Da rief ich den Namen des Herrn an:
Rette mich!

Der Herr behütet die schlichten Herzen,
ich war in Not und er brachte mir Hilfe.
Komm wieder zur Ruhe, mein Herz,
denn der Herr hat dir gutes getan!

Ich habe erkannt,
dass ich manche Dinge nicht mehr ändern kann.
Ich muss lernen, damit zu leben. Anders zu leben.

Der Weg, der Prozess dorthin, war schmerzhaft.
Wohl hat mir die Flucht in die Weite Linderung verschafft.
Die Wüste verhalf mir zur Distanz, die Höhe zum Abstand.
Nur war Flucht keine Lösung.
Ich sehe die Sonne wieder scheinen – nur scheint sie anders,
nicht mehr so strahlend, aber irgendwie intensiver.
Den Mond in der Nacht nehme ich wieder wahr –
als einen Freund, der die Dunkelheit durchbricht.

Du, Gott, hast mein Leben dem Tod entrissen,
meine Tränen getrocknet, meinen Fuß bewahrt, vor dem Stürzen.
So gehe ich meinen Weg vor dem Herrn im Land der Lebenden.

**Ich werfe meinen Schrei hinaus aufs Meer,
die Wellen spülen ihn zurück.
Ich rufe meinen Schrei in die Wüste,
der Sandsturm trägt ihn zurück.
Ich trage meinen Schrei auf den Berg,
das Echo bringt ihn zurück.
Ich werfe meinen Schrei zum Himmel,
er kommt als Lied zurück.
*(*Renate Salzbrenner: Auf einem Regenbogen; **Quelle unbekannt)*

gelbes Tuch vor „Himmel" legen
am Ende Instrumentalmusik (40 sec – ruhig und zuversichtlich)

10. Lied: Meine Hoffnung und meine Stärke
mehrfach

11. Besinnung
Einladung, Gedanken, Gefühle, auf Kärtchen zu schreiben

12. Trauerwand
Texte zur Trauerwand bringen, dort Kerze anzünden
Instrumentalmusik

13. Kurzer Text
Licht aus der Höhe,
fasse mich,
berühre mich
mit deiner zärtlichen Nähe,

wärme mein Herz
und stärke Vertrauen und Liebe,
nimm mich hinein
in dein bergendes Dasein,

schütze mich
vor Verzweiflung und Selbsthass,
erbarme dich
meiner verletzten Gefühle
und versöhne mich
mit meinem Unfrieden,

dass Aufatmen sei
in meiner Suche
nach Leben.
(Nach Almut Haneberg, © dies., Waldkraiburg)

14. Lied: Selig seid ihr

15. Vaterunser

16. Einladung / Hinweise

17. Segenstext
Gott, Vater,
segne alle, die dir vertrauen.
Zur nächtlichen Sunde
legen wir dir, Gott,
das Leben aller Suchenden ans Herz,
aller Verzweifelten,
aller Hoffenden.

Gott, beschenke uns
mit der Behutsamkeit deiner Hände,
mit dem Lächeln deines Mundes,
mit der Wärme deines Herzens,
mit der Güte deiner Augen,
mit der Freude deines Geistes,
mit dem Geheimnis deiner Gegenwart.

Gott, verwandle den Schrei
der Trauer und Verzweiflung
in Hoffnung
und heile alles Ungelöste
mit deinem Segen.
So segne uns, Gott, du, der Vater, der Sohn und der heilige Geist.
Amen.

18. Lied: Bewahre uns, Gott

19. Instrumentalmusik

Literatur

Berg, Sigrid: Biblische Bilder und Symbole erfahren. Ein Material- und Arbeitsbuch. München-Stuttgart 1996

Bickel, Margot: Jede Nacht birgt einen Stern. Augsburg 1998

Bihler, Elsbeth: Symbole des Lebens – Symbole des Glaubens I-V, Limburg 1995

Brinkel, Wolfgang (Hrsg.), Die Nacht wird nicht ewig dauern. Neukirchen-Vluyn 2003

Camara, Helder, in: Schmeisser, Martin (Hrsg.), Lass meine Seele aufatmen. Eschbach 1998

Diözese Rottenburg-Stuttgart, Amt für Kirchenmusik/Bischöfl.Jugendamt (Hrsg.): Erdentöne Himmelsklang, Neue geistliche Lieder, Ostfildern 1995

Erzbischöfliches Ordinariat Bamberg, Abt. Jugensseelsorge (Hrsg.): Cantate. Vom Leben Singen mit Leidenschaft. Nürnberg 1995

Hoffsümmer, Willi: Kurzgeschichten 4. Mainz 1991

Kaufmann / Kreitmeir / Wagner: Ein Quell in unserer Wüste. Wegbegleitung in einem Trauerkreis. Würzburg 2000

Leiter, Karin E.: Ach wie gut, dass jemand weiß ... Trauerbegleitung mit Märchen. Innsbruck-Wien 1996

Naegeli, Sabine: Die Nacht ist voller Sterne. Gebete in dunklen Stunden. Freiburg i.Br., 1995

Naegeli, Sabine: Du hast mein Dunkel geteilt. Gebete in unerträglichen Tagen. Freiburg i.Br., 1995

Naegeli, Sabine: Ich spanne die Flügel des Vertrauens aus. Eschbach 2000

Neysters, Peter / Schmitt, Karl-Heinz: Denn sie werden getröstet werden. Das Hausbuch zu Leid und Trauer, Sterben und Tod. München 1993

Ohlbaum, Isolde: Aus Licht und Schatten – Engelbilder. o.OA

Salzbrenner, Renate: Auf einem Regenbogen. Gedichte zur Trauer und Hoffnung. Erlangen 1995

Schmeisser, Martin (Hrsg.): Gesegnete Wege. Segenstexte und Segensgesten. Eschbach 1997

Schmeisser, Martin (Hrsg.): Vergiß nicht, es gibt ja das Licht. Eschbach, 2004

Schmeisser, Martin (Hrsg.): Morgenlicht und Abendstern. Eschbach, 2003
Steinwede, D. (Hrsg.): Wie das Leben durch die Welt wanderte. Gütersloh 1983
Waller, Friederike (Hrsg.): Alles ist nur Übergang. Gedichte und Texte über das Sterben. Frankfurt/M 1991
Zink, Jörg, Wie wir beten. Stuttgart 1991

Autoren

Jürgen Kaufmann, Jahrgang 1961, geboren in Ellwangen/J., nach Volontärs- und Redakteurszeit in Aalen Studium der katholischen Theologie in Bamberg und Würzburg. Von 1994 bis 2003 als Pastoralreferent in Nürnberg, St.Ludwig. Seitdem in Nürnberg City-Seelsorger an der Offenen Kirche St. Klara.

Alexandra Völkl, Jahrgang 1974, geboren in Amberg. Ausbildung in Nürnberg. Arbeitet als Presse- und Öffentlichkeitsreferentin in der katholischen Erwachsenenbildungseinrichtung Caritas-Pirckheimer-Haus Nürnberg.